LE
SCHPOUNTZ

ŒUVRES DE MARCEL PAGNOL

Dans cette collection :

MARCEL PAGNOL
de l'Académie française

LE
SCHPOUNTZ

Editions de Fallois

Photographie de la couverture :
Irénée, le schpountz : Fernandel
Au dos de la couverture :
Le schpountz : Fernandel
Baptiste, l'oncle du schpountz : Charpin
dans le film *Le schpountz,* 1937-1938.

© Marcel Pagnol, 1989.

ISBN : 2 - 87706 - 064 - 0
ISSN : 0989 - 3512

ÉDITIONS DE FALLOIS, 22, rue La Boétie, 75008 Paris.

DISTRIBUTION

FERNANDEL	*Irénée Fabre*
ORANE DEMAZIS	*Françoise*
CHARPIN	*L'oncle Baptiste*
LÉON BÈLIÈRES	*Meyerboom*
ENRICO GLORI	*Le metteur en scène*
ROBERT VATTIER	*Astruc*
MAUPI	*Le Barman*
LOUISARD	*Charlet*
HENRI POUPON	*Le Grand Acteur*
ROBERT BASSAC	*Dromart*
BLAVETTE	*Martelette*
JEAN CASTAN	*Casimir Fabre*
POLLACK	*L'avoué*
CHARBLAY	*Le Portier des Studios*
TYRAN	*Le pape*
BOREL	*L'accessoiriste*
CHAMPETIER	*Nick*
FORSTER	*Lucien*
BERRETA	*Le Chef de plateau*
WEBER	*Le cantinier*
ALIDA ROUFFE	*Mme Fenuze*
ALICE ROBERT	*Rita Camélia*
ODETTE ROGER	*La tante Clarisse*

PREMIÈRE PARTIE

Une petite salle à manger, dans l'arrière-boutique d'une épicerie de village. Le mobilier est modeste, mais bourgeois. Il y a une suspension. Quatre personnes sont à table.

Il y a l'oncle Baptiste Fabre, qui a cinquante ans. Il est gros et gras, avec une moustache grisonnante, il a des yeux pleins de bonté.

En face de lui, il y a sa femme Clarisse. Elle est sans doute un peu plus jeune. Sa poitrine est énorme... Et pourtant dans l'ensemble elle n'est pas très grosse. A gauche et à droite, entre eux, il y a leurs deux neveux. Irénée et Casimir. Ils ont le grand tablier bleu des épiciers.

On est au repas du soir et la tante sert le fromage. L'oncle Baptiste, par hasard, n'est pas de bonne humeur, et il ronchonne.

L'ONCLE

C'est toujours la même chose. Et ça sera toujours la même chose. On ne saura jamais, on ne saura jamais qui c'est qui a laissé la corbeille de croissants sous le robinet du bidon de pétrole. Non, ça on ne le saura pas. Et j'aurais beau faire une enquête poli-

cière voilà une affaire dont je ne saurai jamais
rien.

CASIMIR

En tout cas, il y a une chose que je sais c'est que ce
n'est pas moi.

LA TANTE

Moi, j'étais à la messe. Je sais que ce n'est pas moi
non plus.

L'ONCLE

Alors, qui est-ce?

Il regarde Irénée d'un air soupçonneux.

IRÉNÉE *(innocent)*

C'est peut-être un client de l'épicerie qui en vou-
lant prendre un croissant a tiré le panier sans faire
attention, et de telle façon que le panier de croissants
est venu se placer sous le robinet du bidon de
pétrole?

L'ONCLE

Tu en as pris, toi, des croissants?

IRÉNÉE

Oui, naturellement, j'en ai pris ce matin pour mon
petit déjeuner. Pour me nourrir.

L'ONCLE

Ça, non.

IRÉNÉE

Pourquoi ça non?

L'ONCLE

Parce que tu manges, mais tu ne te nourris pas. Celui qui te nourrit, c'est moi... Ton père, qui était mon frère, ne l'aurait pas fait. C'était un brave homme, oui, mais il n'aimait pas qu'on se foute de lui.

IRÉNÉE

Tu me l'as déjà dit bien souvent.

L'ONCLE

Et ça n'a jamais servi à rien.

IRÉNÉE *(souriant)*

Alors à quoi ça sert de me le redire.

L'ONCLE

Oh! Je sais bien que j'ai tort. J'ai tort d'espérer qu'un jour tu comprendras qu'il faut travailler pour vivre, et que le métier d'épicier est aussi honnête qu'un autre, et qu'un grand galavard de vingt-cinq ans pourrait fort bien aider son oncle, oncle qui l'a recueilli, qui l'a nourri, et qui continue à le nourrir, en s'esquintant le tempérament.

IRÉNÉE

Je vois clairement où tu veux en venir. Tu vas me dire que je suis un bon à rien.

L'ONCLE

Oh que non! Bon à rien, ce serait encore trop dire. Tu n'es pas bon à rien, tu es mauvais à tout. Je ne sais pas si tu me saisis, mais moi, je me comprends.

IRÉNÉE

Je te saisis, et je suis profondément blessé.

Il essuie une larme.

L'ONCLE

Voilà comme il est! Il fait des grimaces et tout ce qu'on peut lui dire il s'en fout. Ton frère, au moins, lui, il est reconnaissant. Lui, il travaille dans le magasin, et il met un point d'honneur, lui, à se tenir au courant de nos difficultés. *(A voix basse.)* Le baril d'anchois qui était moisi, c'est lui qui a réussi à le vendre à M. Carbonnières, l'épicier des Accates... Et pourtant c'était difficile : les anchois avaient gonflé, ils étaient pleins de petits champignons verts, on les aurait pris pour des maquereaux. Eh bien, il l'a vendu, ce baril!

IRÉNÉE

Il est aveugle, Monsieur Carbonnières?

CASIMIR *(modeste)*

Je lui ai dit que c'étaient des anchois des Tropiques.

L'ONCLE *(ravi)*

Voilà! Voilà l'idée, voilà l'imagination! Il a trouvé ça lui!

IRÉNÉE

Oh lui, lui, moi je sais bien ce que c'est qui lui a monté l'imagination, à lui.

CASIMIR

Et qu'est-ce que c'est?

IRÉNÉE *(à son frère)*

Tu savais très bien que ces anchois, si tu ne les

avais pas vendus, c'est nous qui les aurions mangés. Oui, ici, sur cette table, les anchois des Tropiques, nous les aurions vus tous les jours. Jusqu'à la fin du baril, ou jusqu'aux obsèques tropicales de la famille.

L'ONCLE

Qu'est-ce que ça veut dire?

IRÉNÉE

Ça veut dire que ce pâté de foie, c'est celui que tous les clients te refusent parce qu'il a tourné. Alors, depuis huit jours, il est sur cette table, lui, aigrement, pour me nourrir. Mais pas si bête! Je mangerais plutôt de la mort aux rats... Et ce rôti de porc? Il est avarié. Il y a une personne qui en a mangé une tranche, c'est Mme Graziani. *(Dramatique.)* Je dis : « C'est », parce que nous sommes aujourd'hui... Mais demain, il faudra peut-être dire : « C'était » parce qu'elle est couchée depuis cette tranche, et à l'heure qu'il est, elle est peut-être à l'agonie – tranchée. Adieu, Graziani!

Il fait un signe de croix.

LA TANTE

Oh Irénée! Qu'est-ce que tu dis? Elle a soixante-seize ans, elle a pris une indigestion...

IRÉNÉE

Il faudrait qu'elle n'ait plus de lunettes, plus de palais, plus d'odorat pour s'offrir une indigestion de ce rondin malsain de viande ambulante! Et il en reste pour demain! On devrait l'attacher dans l'assiette. Parce que cette nuit, il va s'en aller!

LA TANTE

Ce qu'il faut entendre!

L'ONCLE *(serein)*

Laisse-le dire, Clarisse. L'exagération de sa critique en démontre l'absurdité. Cette viande est excellente, et j'en ai mangé par gourmandise.

IRÉNÉE

Oh mais toi, tu as l'habitude! En ce qui concerne les poisons alimentaires, tu es vacciné, fortifié, blindé. Il les avale, il les digère, il les distille. C'est un véritable alambic. C'est l'alambic des Borgia.

L'ONCLE

Dis, moi, tu m'appelles alambic, grossier?

LA TANTE

Irénée, tu sais que si l'oncle se met en colère...

IRÉNÉE

Oh! Si l'oncle se met en colère, il va s'étouffer comme d'habitude. Et ça me ferait de la peine – parce que l'oncle, malgré sa sauvagerie envers moi, je l'aime beaucoup.

La porte sonne.

CASIMIR

Qu'est-ce que c'est?

La face d'un client paraît au guichet.

LE CLIENT

Vous en avez encore des anchois des Tropiques?

L'ONCLE

Non. Pour le moment, nous en manquons.

LE CLIENT

Et quand c'est que vous en aurez?

IRÉNÉE

Oh! Il faut du temps pour les faire! Dans deux ou trois mois, quand ils seront mûrs.

LE CLIENT

Et je pourrais en trouver ailleurs?

IRÉNÉE

Impossible. Spécialité de la maison.

LE CLIENT

Alors tant pis. Merci quand même!

On entend encore une fois la sonnette qui tinte, pour la sortie du client. L'oncle se lève, et serre la main de Casimir avec enthousiasme.

L'ONCLE

Bravo! *(à Irénée)* Voilà une fière leçon pour toi! Admire cet enfant! *(il prend affectueusement Casimir par les épaules).* Il nous arrive une catastrophe, un désastre. Cinquante kilos d'anchois se moisissent sans rien dire. Eh bien lui, de notre désastre, il fait une Spécialité. Il crée un poisson nouveau, un poisson auquel Dieu n'avait pas pensé, – et il en fait une friandise inconnue!

IRÉNÉE

Il a peut-être eu tort de vendre tout le paquet au même épicier, celui des Accates. Parce que ce paisible village, sa friandise va peut-être le dépeupler en quinze jours, car le poisson nouveau va les empoisonner.

L'ONCLE *(sarcastique)*

C'est ça. Dénigre-le! Reproche-lui son initiative! Casimir, je te félicite. Voilà dix francs pour tes menus plaisirs. Et n'écoute pas les sarcasmes de l'Inutile *(un temps)*. J'ai une envie terrible de me mettre en colère.

LA TANTE

Non, Baptiste, non. Tu vas t'étouffer.

L'ONCLE

Est-ce que ça ne vaut pas la peine que je m'étouffe une fois de plus quand j'entends des choses pareilles? Mais nom de Dieu de Trafalgar, est-ce que c'est imaginable? Un individu qui ne veut pas travailler...

IRÉNÉE *(il le coupe)*

Pardon, je ne veux pas travailler à *l'épicerie*, c'est tout. Quand je me vois dans cette boutique...

L'ONCLE *(violent)*

Ce n'est pas une boutique. C'est un magasin. Je te le dis pour la cinq centième fois.

IRÉNÉE

Si tu veux. Quand je me vois dans ce magasin, entre la morue sèche et le roquefort humide, eh bien, ça me donne mal au cœur. De discuter sur la qualité des pommes de terre avec Madame Leribouchon, qui veut toujours les payer un sou de moins, ça ne m'intéresse pas. Je ne suis pas né pour ça.

14

L'ONCLE

Et pour quoi es-tu né?

IRÉNÉE *(mystérieux)*

Pour une autre carrière. Je suis sûr que j'ai un don.

L'ONCLE

Si tu possèdes quelque chose, c'est certainement un don. Parce qu'avec l'argent que tu as gagné tu n'as pas pu t'acheter grand-chose.

IRÉNÉE

Je parle d'un don naturel. Un don de naissance. Un don de Dieu.

LA TANTE *(sarcastique et souriante)*

Ça nous fait bien plaisir d'apprendre que tu as un don de Dieu.

L'ONCLE

En dehors de ton appétit, de ta grande gueule, et de ta paresse, qu'est-ce que Dieu a bien pu te donner?

IRÉNÉE

Un talent, un talent caché.

L'ONCLE

Bien caché.

CASIMIR

Moi, je sais ce que c'est.

IRÉNÉE *(avec violence)*

Si tu le dis, après les promesses que tu m'as faites, tu seras un homme déshonoré.

CASIMIR

Je ne le dis pas. Je dis seulement que c'est vrai, que tu as un talent caché, et que moi je le sais depuis longtemps.

L'ONCLE

Et ça peut rapporter quelque chose, ce talent?

IRÉNÉE

Des millions, simplement.

L'ONCLE

Des millions de quoi?

IRÉNÉE

De francs.

L'ONCLE *(navré)*

Folie des grandeurs. Il ne lui manquait plus que ça.

IRÉNÉE

Tu ne me crois pas. Je le savais.

L'oncle se lève, brusquement exaspéré.

L'ONCLE

Tu sais combien il faut vendre de morues sèches pour gagner un million de francs?

IRÉNÉE

Non... Et je ne veux pas le savoir. Mais moi, je gagnerai des millions. Parce que j'ai un don.

Et nous voici le soir, dans la petite chambre d'Irénée et de Casimir. Ils sont couchés tous les deux, dans leurs petits lits de fer. Irénée paraît pensif. Casimir lui parle affectueusement.

CASIMIR

Moi, il me semble que tu devrais expliquer ton don à l'oncle.

IRÉNÉE

Non. Je le connais. Il rigolerait.

CASIMIR

Tu sais, il n'est pas bête, l'oncle. Il est un peu bourgeois, évidemment, mais il est brave. Moi, je crois qu'il comprendrait.

IRÉNÉE

Il ignore absolument le cinéma.

CASIMIR

Il y est allé deux fois à la Pomme, avec tante.

IRÉNÉE

La première fois, il a dit : « Mon Dieu que c'est bête! » La deuxième fois, il s'est endormi.

CASIMIR

Oui, c'est vrai. Mais enfin, il y est allé tout de même.

IRÉNÉE

On ne peut pas dire que ça soit un spectateur passionné. Et moi, j'irai lui avouer que mon don c'est le cinéma? Non, non, Casimir, non. Pas de révélation prématurée. N'effrayons pas cet honnête épicier.

CASIMIR

C'est vrai que peut-être il te découragerait.

IRÉNÉE *(supérieur)*

Me décourager? Oh! ça non! (*il rit*) Enfantillage! Je sais que je suis un acteur-né. Je sais que j'ai une vocation. Je sais que si Dieu m'envoie ma chance, moi aussi j'aurai mon nom sur des affiches, et sur la façade lumineuse des cinémas... (*Brusquement.*) Et les dollars? Les DOLLARS? C'est pas beau, dis, les DOLLARS?

CASIMIR

Moi, une fois, à Marseille, dans la vitrine d'une banque, j'ai vu un billet de cent dollars. Il ne m'a pas semblé bien joli.

IRÉNÉE

Parce qu'on ne te l'a pas donné.

CASIMIR

Mais toi, qui ne sais pas un mot d'anglais, pourquoi veux-tu que l'on te donne des dollars?

IRÉNÉE

Parce que j'ai le don du cinéma, et que dans le cinéma, c'est plein de dollars. Tu n'as qu'à lire *Pour vous*, et tu verras qu'on en distribue à tout le monde. Va, si Dieu m'envoie ma chance...

CASIMIR

Mais comment te l'enverra-t-il?

IRÉNÉE

Je n'en sais rien, mais il me la doit. C'est logique. Est-ce que tu crois que Dieu se fatigue pour rien? Il m'aurait donné cette vocation, cette mémoire, cette voix, cette démarche, et surtout cette sensibilité frémissante pour me laisser dans le gorgonzola? Non, Casimir, Dieu n'est pas fou. Et malgré quelques fantaisies comme la famine, la peste, la guerre et les inondations, tout me fait croire que Dieu est une personne de bon sens. D'ailleurs, à l'âge qu'il a, le contraire serait bien étonnant. Ma chance, je ne veux pas aller au-devant d'elle; je l'attends ici.

Dans le hall d'un grand hôtel. – Il y a une douzaine de jeunes gens assis dans de confortables fauteuils. Autour d'eux, des malles de cuir, des trépieds d'appareils de prises de vues. Le barman, en veste blanche, discute avec la troupe. C'est un tout petit homme au visage ridé.

LE BARMAN *(avec violence)*

S'il vous a dit une chose pareille, alors c'est qu'il est fou!

CHARLET

Non, non, ce n'est pas un fou. C'est un Schpountz.

LE BARMAN

Et qu'est-ce que c'est un Schpountz?

ASTRUC

Tiens, il y a un Schpountz par ici?

CHARLET

Eh oui! Le chasseur vient de m'expliquer qu'il ressemble à Charles Boyer, et que si on lui donnait une chance pour paraître sur l'écran...

Devant les deux cents boîtes aux lettres de l'hôtel, le portier et le chasseur discutent.

LE CHASSEUR

Celui à qui j'ai parlé, c'est celui des pantalons de golf.

LE PORTIER

C'est le directeur du film. Celui qui a des lunettes, il s'appelle Astruc, c'est l'opérateur. Le barbu, c'est l'ingénieur du son. La demoiselle, c'est la... secrétaire technique.

LE BARMAN *(de loin)*

Edmond! Viens ici! Approche-toi, espèce d'imbécile!

Le chasseur s'avance.

Tu t'es vu dans une glace, dis, malheureux? Tu as un nez comme un boudin, tu as un cou d'oiseau plumé, l'oreille triste, les pieds en dedans, et tu te prends pour M. Charles Boyer?

LE CHASSEUR

C'est ma sœur qui m'a dit...

LE BARMAN

Allez, rompez. Ça ne semble pas possible! Je ne m'étais jamais aperçu qu'il était idiot.

ASTRUC

Mais cher monsieur, un Schpountz n'est pas un idiot! Un Schpountz raisonne parfaitement sur toutes choses, il vit comme tout le monde, il a même du bon sens – sauf en ce qui concerne le cinéma.

CHARLET

Une fois qu'il s'est mis dans la tête qu'il ressemble à un grand acteur, il le croira toute sa vie.

MARTELETTE

On peut leur faire toutes les blagues possibles : ils ne comprennent jamais qu'on se moque d'eux.

LE BARMAN

Et vous en voyez beaucoup comme ça?

DROMART

Un ou deux par jour.

LE BARMAN

Quel malheur! Avouez tout de même que si ça n'est pas des fous, c'est au moins des idiots!

FRANÇOISE

Pas du tout.

LE BARMAN

Mais enfin, mademoiselle, ce chasseur, qui va s'imaginer des choses pareilles! Encore, s'il y avait le moindre petit point de ressemblance, si seulement il avait un air de famille avec M. Boyer, si seulement, il avait quelque chose de son timbre de voix – comme moi par exemple, j'ai la voix de M. Raimu – je comprendrais! Mais rien, il n'a rien.

ASTRUC *(soudainement intéressé)*

Tandis que vous, vous avez la voix de M. Raimu.

DROMART

Eh oui. Lui, il a la voix de M. Raimu!

LE BARMAN *(il montre l'ingénieur du son)*

Monsieur l'a remarqué tout à l'heure. Je parlais avec monsieur, et vous m'avez écouté d'un drôle d'air.

DROMART

Parce que, en effet, vous avez la voix de M. Raimu.

MARTELETTE

C'est frappant.

LE BARMAN

Et je ne suis pas un Schpountz.

FRANÇOISE

Bien sûr que non!

LE BARMAN *(confidentiel)*

D'ailleurs, ce n'est pas seulement la voix. Mais l'œil... La façon de marcher... La bonté un peu bourrue...

CHARLET

Enfin, tout, quoi!

LE BARMAN *(modeste)*

Non, non, pas tout, je n'aurais pas la place, parce que j'ai aussi ma personnalité.

ASTRUC

Oui, vous pourriez jouer des rôles qu'il ne peut pas
jouer.

LE BARMAN

Et M. Raimu pourrait vous répondre la même
chose! Il y a des rôles où il serait peut-être mieux que
moi.

MARTELETTE

Qui sait?

LE BARMAN

Eh oui! Qui sait?

ASTRUC

Et pourtant, il est visible que monsieur n'est pas
un Schpountz!

LE BARMAN

La preuve, monsieur, c'est que je sais que vous
êtes ici pour faire un film. Est-ce que je vous ai offert
de jouer un rôle?

CHARLET

Pas encore.

LE BARMAN *(catégorique)*

Ni maintenant, ni jamais. Je ne demande rien.

ASTRUC

Mais si on vous demandait?

LE BARMAN

Je refuserais. Parce que je serais forcé de refuser.

DROMART

La direction de l'hôtel vous interdirait...

LE BARMAN

Non, monsieur, non. La direction de l'hôtel, je m'en fous. Mais quoique simple barman, j'ai une conscience. Comprenez-moi bien. Vous venez de dire que j'ai la voix de Raimu. Eh bien moi, monsieur, il m'est permis de voir la chose sous un angle personnel, et de dire que M. Raimu a MA VOIX. Et quoique ce soit la mienne, je n'ai plus le droit de m'en servir – parce que ce grand artiste l'a fait entendre le premier en public et que je le respecte trop pour essayer de lui faire du tort. Non, n'insistez pas, je n'en ai pas le droit.

Il s'en va, avec dignité.

ASTRUC

Voilà un Schpountz de 1re classe.

CHARLET *(blasé)*

On a vu mieux que ça!

Un nouveau personnage descend les escaliers de l'hôtel, et il s'avance vers le groupe. Il a un chandail bariolé, des pantalons de golf, des souliers rouges et une cravate verte. C'est le metteur en scène, Nick Durrante. Il est visible qu'il s'appelle Nicolas Durant.

NICK

Alors les enfants, on y est?

CHARLET

Ben mon vieux, on s'est levé à six heures du matin, un dimanche, et on t'attend.

NICK

Je viens de voir les acteurs. Il faut les laisser dormir jusqu'à dix heures, parce que autrement, ils ont des gueules de vieillards... On a beau temps?

MARTELETTE

On dirait.

NICK *(à Françoise)*

Voilà le manuscrit de la scène. Nous, on va tout préparer là-haut et on les attend.

Tous se lèvent.

DROMART

Je voudrais bien savoir pourquoi, dans un film qui s'appelle *Manon Lescaut*, nous venons faire des extérieurs près de Marseille.

CHARLET

T'occupe pas.

FRANÇOISE

Ces scènes-là ne sont même pas dans le roman.

CHARLET *(avec une grande sérénité)*

Ça n'y est pas, mais ça pourrait y être. Et puis on ne fait pas un roman; on fait un film.

DROMART

Et ça va durer longtemps, ces extérieurs?

CHARLET

Comme d'habitude.

ASTRUC

Ce qui ne veut rien dire.

CHARLET

Ce qui veut dire beaucoup au contraire. Les extérieurs d'un film sont finis quand les commanditaires n'envoient plus d'argent.

Et nous voici dans la petite chambre des deux frères. Casimir dort. Irénée rêve, les mains croisées sous la nuque et les coudes en l'air. Soudain, à travers la cloison, on entend la voix de l'oncle Baptiste.

LA VOIX DE L'ONCLE

Casimir!

CASIMIR

Oui.

L'ONCLE

Tu es levé?

CASIMIR *(qui saute du lit)*

Pas encore, mais je commence! Et puis, c'est que huit heures, et c'est dimanche!

L'ONCLE

Oui, d'accord. Mais descends quand même.

IRÉNÉE

Et toi, l'oncle, tu es levé?

L'ONCLE

Non.

26

IRÉNÉE

Alors, pourquoi c'est que tu tortures Casimir?

L'ONCLE

Il y a des automobiles qui passent depuis dix
minutes. Il faudrait que quelqu'un soit au magasin.

IRÉNÉE

Bon. Eh bien, moi j'y vais. Reste couché, Casimir.
Laisse-moi le faire, ce travail exceptionnel, ce travail
du dimanche. Il ne pourra plus rien me dire. Il veut
qu'on ouvre le magasin! Eh bien moi, je vais le lui
ouvrir, le magasin. D'ailleurs, j'ai faim.

Il sort en pyjama.

*Sur la route, on voit des camions et des voitures qui
passent, Irénée ouvre les volets. Puis il rentre.*
*Intérieur de l'épicerie. – Irénée prend la moitié d'un
saucisson, des fruits et des cakes.*
*Extérieur de l'épicerie. – Irénée sort en mangeant. Il
traverse la rue, il va à la boulangerie.*
*La troupe de cinéma passe dans une caravane de
voitures en ruine. Il y a un grand bruit de klaxons et
de ferraille. L'une des voitures, dont le radiateur lance
de grands jets de vapeur, s'arrête près de l'épicerie.*
*C'est une très vieille torpédo qui porte cinq ou six
personnes sur les banquettes et deux autres sur les
marchepieds.*
*Il y a Françoise sur le siège arrière entre Dromart
et Charlet. Astruc est au volant, un peu serré entre
l'opérateur et Cavalotti. Sur les marchepieds, il y a
Martelette et Bébert.*
Astruc quitte le volant et descend.

FRANÇOISE

Qu'est-ce qu'il y a?

ASTRUC

Tu ne vois pas qu'on marche à la vapeur? Il faut remettre de l'eau. Je vais chercher un tuyau ou une casserole.

Il s'en va vers l'épicerie. Sur la porte, il dit :

Il n'y a personne?

Astruc entre dans l'épicerie. Il en sort avec une casserole étincelante à la main. Irénée qui sort de la boulangerie avec un pain, le voit, lui court après, le rattrape devant le magasin.

IRÉNÉE

Monsieur! Monsieur! Qu'est-ce que vous faites?

ASTRUC

Casserole!

IRÉNÉE

Eh oui, casserole. Mais casserole à vendre!

ASTRUC

Bien sûr! Bien sûr!

IRÉNÉE *(il lit une étiquette)*

Soixante-cinq francs. Non, six francs cinquante.

ASTRUC

Si vous la regardiez encore une fois, ça serait peut-être soixante-cinq centimes.

IRÉNÉE

Article étamé, tôle de premier choix, forme agréable et commode; 6,50 F. Ça va au feu, et l'émail ne risque pas de se craqueler, parce qu'elle n'est pas émaillée. 6,50 F.

ASTRUC

Je n'en ai besoin que cinq minutes. C'est pour mettre de l'eau dans mon radiateur.

IRÉNÉE

Si vous avez un radiateur, c'est que vous avez une automobile. Et si vous avez une automobile, 6,50 F ne vous font pas peur.

ASTRUC

Mon vieux, je n'ai pas de monnaie, et c'est pour le cinéma.

IRÉNÉE

Le cinéma? Vous avez un cinéma?

ASTRUC

Non, mais je fais des films.

IRÉNÉ *(tremblant)*

Vous... vous faites des films? Où? Quand?

ASTRUC

Ici, aujourd'hui.

IRÉNÉE

Vous fabriquez des films? Je le savais, je vous attendais... Je vais vous aider... Dieu n'est pas fou, monsieur! Dieu n'est pas fou!

Dans la chambre de l'oncle.
L'oncle qui était à la fenêtre se retourne vers la tante Clarisse.

L'ONCLE

Maintenant il dit que Dieu n'est pas fou; mais lui il est certainement jobastre... Et il prête une casserole à un espèce de guignol qui a les mêmes pantalons que ma pauvre grand-mère! Il faut que je surveille ça!

Il va à l'autre fenêtre. Irénée est debout sur le marchepied de la Ford. Un grand camion passe tout près de lui.
Sur l'énorme fourgon, on lit en grosses lettres :

COMPAGNIE FRANÇAISE DU FILM FRANÇAIS
STUDIOS DE FRANCE
YAOURT ET MEYERBOOM

Après le passage du camion, Astruc, qui a fini de remplir son radiateur, tend la casserole à Irénée.

IRÉNÉE

Non, monsieur, non. Cette casserole, je vous en fais cadeau.

ASTRUC

Ça, c'est gentil.

IRÉNÉE

Seulement...

DROMART

Oh! C'est un cadeau seulement! Seulement, il faut la payer?

IRÉNÉE

Non, monsieur, non. Ne me croyez pas intéressé. Je vous en fais cadeau gratuitement et d'autant plus volontiers qu'elle ne m'appartient pas. Mais ça ne fait rien. Je veux simplement vous poser une question : Où est-ce que vous allez faire ce film?

DROMART

Par là, dans la colline.

FRANÇOISE

J'ai écrit le nom dans mon cahier. Attendez.

Elle feuillette un cahier.

Ça s'appelle le col de Tantoï. Vous savez où c'est?

IRÉNÉE

Oh parfaitement, madame, et je serais ravi de vous y conduire.

On entend la voix de l'oncle qui appelle :
« Irénée! ». Irénée ne se retourne pas... Mais il dit à voix basse :

IRÉNÉE

Cachez la casserole. Hum. Excusez-moi une seconde.

Il lève la tête vers l'oncle, qui est à la fenêtre du premier étage.

IRÉNÉE

L'oncle! J'accompagne ces personnes. Ce sont des artistes de cinéma. Je vais leur servir de guide.

L'ONCLE

Tu vas leur servir de guide? Alors, ils sont perdus d'avance. Et la casserole, ils te l'ont payée?

IRÉNÉE

Tu voudrais faire payer des artistes?

L'ONCLE

Et moi, si je vais au théâtre, ils me font pas payer? C'est une casserole de six francs cinquante. S'ils ne te la paient pas, je te la retiendrai sur ta semaine. Un point c'est tout!

Il ferme la fenêtre. Irénée revient vers la voiture, confus mais souriant.

IRÉNÉE

C'est un esprit bourgeois. Il n'estime que les petites sommes d'argent. Il perdrait cinq cent mille francs pour gagner deux sous.

FRANÇOISE

Ça n'a pas dû lui arriver souvent?

IRÉNÉE

Non, pas souvent et pour ainsi dire jamais. Ai-je le temps d'aller faire une courte toilette?

ASTRUC

Ah ça non. On part tout de suite.

IRÉNÉE

Bien. Où dois-je m'asseoir?

ASTRUC

Mettez-vous à cheval sur la roue de secours.

IRÉNÉE

C'est charmant.

Il s'installe.

ASTRUC

On va tout droit?

IRÉNÉE

Tout droit pour le moment.

La vieille torpédo démarre dans un grand cliquetis et file sur la route, par sauts et par bonds.

IRÉNÉE *(qui se cramponne au bord de la carrosserie)*

C'est d'autant plus charmant que c'est la première fois que je monte dans une automobile!

FRANÇOISE

Celle-ci, ce n'est pas la première fois qu'on y monte dedans.

IRÉNÉE

Chauffeur! La première route à gauche.

ASTRUC

Comment?

Il se retourne, le volant lui reste dans les mains au

grand émoi des occupants de la voiture. Il le remet rapidement en place et la guimbarde s'éloigne à grandes pétarades.

On voit la caravane qui monte une route étroite dans la colline. La vieille torpédo la rattrape et la suit.

Par un fondu enchaîné on se retrouve en haut d'un col de collines. Le groupe électrogène qui est en tête s'arrête. Une tête sort de la portière, regarde derrière, puis descend. C'est le chef électricien. Il va vers le deuxième camion qui porte des rails, des écrans, etc. La vieille Ford arrive la dernière.

IRÉNÉE

Stop! Messieurs, c'est ici. Vous êtes au col de Tantoï. Voici le col.

CHEF ÉLECTRICIEN

Il a une drôle de gueule.

ASTRUC

Eh bien, il ne nous reste plus qu'à vous remercier.

IRÉNÉE

Messieurs, c'est la moindre des choses. Où sont les artistes?

DROMART

Pas encore arrivés.

IRÉNÉE

Alors, vous n'allez pas filmer tout de suite?

FRANÇOISE

Pas avant deux ou trois heures.

34

IRÉNÉE

Et jusque-là?

DROMART

On cassera la croûte, et on va faire la belote en attendant les événements.

IRÉNÉE

Eh bien, messieurs, si vous le permettez, je reviendrai vous voir tourner – en curieux. Pour le moment, après vous avoir montré le col, je vous demande la permission d'aller mettre le mien. Madame, messieurs.

Il s'incline et s'en va dans la colline.

La chambre d'Irénée.
Devant la glace, sur le lit, Irénée s'habille et se prépare. Il est assez exalté. Casimir, pensif, le regarde.

IRÉNÉE

Moi je te dis que ça y est. Et que ça ne peut pas ne pas y être *(Un temps)*. Tu doutes de moi? *(Il met son veston, dont la coupe est un modèle d'excentricité.)*

CASIMIR

Non, je ne doute pas de toi. Mais je doute des autres. Peut-être qu'ils ne te comprendront pas.

IRÉNÉE

Eh bien, c'est à moi de leur faire comprendre. Ecoute, je leur ai parlé, je les ai guidés. Je leur ai dit que j'allais revenir : ils m'attendent. C'est la grande occasion de ma vie, voyons. Et justement elle arrive au moment où je suis prêt. J'ai mon costume, j'ai ma cravate *(Il met sa cravate)*. J'ai trouvé ma moustache – et par bonheur, par bonheur, ils ne m'ont encore vu qu'en pyjama. Je vais faire une entrée pas ordinaire.

CASIMIR

Et qu'est-ce que tu vas leur dire?

IRÉNÉE

J'ai mon plan. Je ferai le modeste, mais j'obtiendrai une audition.

CASIMIR

Et s'ils rigolent?

IRÉNÉE

S'ils rigolent de quoi?

CASIMIR *(très gêné)*

De toi.

IRÉNÉE *(foudroyé)*

De moi? Oh! Oh!

CASIMIR

Irénée, je n'ai pas voulu dire...

IRÉNÉE

Tu n'as pas voulu dire, mais tu l'as dit. Tu ne crois pas en moi. Va-t'en, faux frère. Je me défendrai tout seul.

CASIMIR

Irénée, j'ai confiance, tu le sais. Mais pas tant que toi.

IRÉNÉE *(il le prend à la cravate)*

C'est-à-dire? Allez, parle, renégat.

CASIMIR

Il me semble que dans la vie, les choses ne vont pas si vite que ça... De croire que l'on va te voir, et t'engager aussitôt comme vedette, il me semble... Il me semble que ce n'est guère probable. Il doit y avoir une filière, tu comprends... On doit avancer peu à peu... Faire un pas chaque jour...

IRÉNÉE

Est-ce que tu sais que Napoléon était un petit sous-lieutenant corse? Il est devenu empereur. Crois-tu que l'on devienne empereur pas à pas? Réponds.

CASIMIR

Tu as bien raison d'y aller. Et moi, si je te dis tout ça, c'est par amitié pour toi... Je ne voudrais pas que tu aies brusquement une grosse déception...

IRÉNÉE *(il le lâche)*

Va, va, tu es né un samedi.

CASIMIR

Oui.

IRÉNÉE

Tu es né sous l'influence de la planète Saturne. Tu es donc un saturnien. Je l'ai vu sur *Paris-Soir*.

CASIMIR

Et ça prouve quoi?

Ça prouve que tu ne réussiras jamais à rien, que tu seras toujours triste et pessimiste, que la méfiance te domine. Tant pis pour toi. Moi, je suis né un jeudi, influence de Jupiter. Tous les espoirs me sont permis, et ceux qui me seraient interdits, je me les permettrais moi-même. Donc, laisse-moi faire, et ne parle plus.

CASIMIR

Franchement...

IRÉNÉE

Quoi, franchement? Tais-toi! Tu es bon, mais maléfique. Tais-toi, Saturnien.

Il arrange longuement sa cravate.

C'est un Jupitérien qui te parle.

Il prend la glace.

Un fondu enchaîné, et voici Irénée qui se promène sur une route, des fleurs à la main. Astruc descend vers lui armé de son œilleton.

ASTRUC

Bonjour cher ami!

IRÉNÉE

Bonjour monsicur!

ASTRUC

Pourquoi n'osez-vous pas monter vers nous?

IRÉNÉE

Je craignais d'être importun.

ASTRUC

Mais nullement, cher ami, nullement. On vous réclame.

IRÉNÉE

J'y vais avec plaisir.

ASTRUC

Ça ne vous ferait rien de passer devant? La lumière est meilleure pour vous regarder.

IRÉNÉE

Bien volontiers. Mais pourquoi me regardez-vous?

ASTRUC

Habitude professionnelle et peut-être espoir secret...

IRÉNÉE

Espoir de quoi?

ASTRUC

Chut! J'ai dit « secret ».

IRÉNÉE

Bien.

Il monte vers le groupe.

IRÉNÉE

Bonjour messieurs – et madame!

CHARLET

Bonjour cher ami!

ASTRUC

Hein? Et il n'osait pas s'avancer!

DROMART

Et il avait tort! Il avait grand tort!

CHARLET

Quel est le tailleur de génie qui vous a fait ce costume? Donnez-moi son adresse que j'y coure!

IRÉNÉE

Monsieur, c'est un tout petit tailleur et je vous donnerais volontiers son adresse, mais ça ne vous avancerait guère. Parce que ce costume, c'est moi qui l'ai conçu et dessiné.

ASTRUC

Il faut qu'il nous en dessine un pour chacun.

FRANÇOISE

Oh oui! Surtout pour Cousine!

COUSINE

Je te jure que je saurais le porter!

FRANÇOISE

Pas comme lui!

COUSINE

Ah non pas comme lui, bien entendu! J'ai peut-être autant de chic que lui, seulement il est le créateur du costume et s'il l'a dessiné lui-même il l'a certainement fait pour s'avantager!

IRÉNÉE *(modeste)*

C'est vrai. C'est exact. *(A Dromart.)* Alors, la voix?

DROMART

Prenante. Nette. Douce dans les notes graves, claire dans l'aigu, et dans le médium, bien meublée.

IRÉNÉE

Bien meublée?

DROMART

Ah oui, c'est une voix.

ASTRUC *(pensif)*

Quel dommage.

IRÉNÉE

Pourquoi quel dommage?

ASTRUC

Quel dommage qu'un homme comme lui, à cause de sa famille, à cause de sa situation sociale ne puisse pas faire du cinéma.

IRÉNÉE

C'est-à-dire?

COUSINE

Oh va, c'est toujours comme ça. Quand il y en a un de bien, on ne peut pas l'avoir.

IRÉNÉE

Faire du cinéma en qualité de quoi?

ASTRUC

Eh bien d'acteur, voyons!

CHARLET

Comme acteur, le physique, évidemment, compte beaucoup.

COUSINE

L'élégance compte aussi!

MARTELETTE

Mais ce qui compte surtout, c'est le sex-appeal.

DROMART

Oh ça! Du sex-appeal, il en a plein la voix.

CHARLET

Ça qu'est-ce que tu en sais? Ce n'est pas aux hommes de juger, c'est aux femmes.

COUSINE

Eh bien moi je trouve qu'il en a beaucoup.

CHARLET

Et toi, Françoise, qu'est-ce que tu en dis?

FRANÇOISE

C'est très difficile de juger comme ça, à vue de nez. Enfin à mon avis, mais c'est un avis personnel, il me semble qu'il n'en manque pas.

IRÉNÉE *(les yeux baissés)*

Quoiqu'il soit ridicule de dire ces choses-là, moi il me semble que j'en ai un peu. Mais il faudrait que je le cultive.

COUSINE

Oh! C'est charmant de modestie!

IRÉNÉE

Oh non monsieur, je ne suis pas modeste. Je l'étais. Mais du jour où j'ai décidé de devenir un artiste, j'ai sacrifié la modestie.

ASTRUC

Sérieusement! Vous songez à faire une carrière au cinéma?

IRÉNÉE

Monsieur, c'est-à-dire que non seulement j'y songe mais j'en rêve, j'en suis malade, j'en crève. Le cinéma, monsieur, c'est ma passion, c'est ma folie. Pour jouer – même un petit rôle, je ferais n'importe quoi! Je le jouerais même gratuitement, le premier bien entendu, parce que le second...

ASTRUC

Oui, le second, ça coûterait dans les 100 000 francs.

IRÉNÉE

Ma foi, il faut savoir profiter du succès.

COUSINE

Même à l'avance!

FRANÇOISE

Quel genre de rôle aimeriez-vous jouer?

IRÉNÉE

Mes goûts et mon tempérament me pousseraient plutôt vers les Pierre Blanchar, les Pierre Richard Wilm, les Charles Boyer. Je ne dis pas que j'égalerai

43

tout de suite ces grands comédiens! Non. Mais avec un peu d'expérience?...

FRANÇOISE

Et un bon maquillage!

CHARLET

Oui... Maquilleur! Qu'est-ce qu'il faudrait pour corriger les petits défauts du visage de monsieur?

MAQUILLEUR

En jeune premier?

CHARLET

Oui.

MAQUILLEUR *(il le regarde)*

Il faudrait une scie et un marteau.

IRÉNÉE

Quoi?

CHARLET

Termes techniques et imagés. Mes enfants, j'ai une idée. Et je m'étonne qu'aucun de vous ne l'ait eue avant moi.

ASTRUC

Et quelle idée?

CHARLET

Le Schpountz. Le Schpountz, c'est lui.

ASTRUC

Là, tu vas peut-être un peu vite... *(Il le regarde).* Et pourtant, pourtant...

COUSINE

Il ne faut pas s'emballer trop vite. Mais sans parti pris, il a véritablement la tête du Schpountz.

DROMART

Et il en a exactement la voix.

IRÉNÉE

Mais qu'est-ce que c'est que le Schpountz?

CHARLET

Le Schpountz, monsieur, c'est un rôle. Un rôle extraordinaire dans un film extraordinaire. Ce rôle depuis cinq ans, attend l'acteur qui pourra l'incarner. On a essayé toutes les vedettes, tous les plus grands noms de l'écran! Aucun n'a pu l'interpréter. C'est pour ainsi dire GRETA GARBO en homme. Vous vous rendez compte?

IRÉNÉE

Monsieur, vous m'effrayez un peu.

L'ACCESSOIRISTE

Oui, il ne faut pas s'emballer. Moi il me semble que monsieur dans la vie est un Schpountz. Mais sur l'écran?

IRÉNÉE *(inquiet)*

Oui, sur l'écran?

ASTRUC

Oh! Il serait encore beaucoup plus Schpountz! Enfin, moi je donne mon avis, mais tout cela est bien entendu subordonné à des essais. On peut se tromper.

IRÉNÉE

Parfaitement. Monsieur a raison. Ces essais, qui sont à la base de tout, quand les fait-on?

DROMART

Tout de suite!

FRANÇOISE

Eh bien, monsieur, savez-vous par cœur quelque chose. Un poème? Une chanson?

IRÉNÉE

Oui, madame. Mais je ne veux pas vous dire un poème, ni vous chanter une chanson! Ce serait une tricherie. Parce que si le poème est beau, vous pourriez en attribuer le mérite au récitant. Je vais donc vous proposer autre chose, qui sera beaucoup plus concluant.

COUSINE

Mais c'est qu'il est très intéressant!

CHARLET

Laisse-le parler.

IRÉNÉE

Hum. Oui. Ce que je vous propose, monsieur, c'est de vous réciter un article du code civil. Le plus court et le plus net. Je dirais presque le plus tranchant. C'est celui-ci : « Tout condamné à mort aura la tête tranchée. »

ASTRUC

Ce n'est pas gai.

IRÉNÉE *(sûr de lui)*

Ça peut le devenir. Je prétends, messieurs, devant votre accueil amical, vous donner une démonstration complète de mes modestes mérites. Je vais avec cette simple phrase, vous inspirer les sentiments les plus divers. Tout sera dans l'expression.

CHARLET

Qu'est-ce qu'il doit avoir comme expression!

IRÉNÉE

Ne me louez pas à l'avance : attention. C'est prêt?

DROMART

Absolument.

IRÉNÉE

Bien. Je commence. Demandez-moi les expressions qui vous intéressent.

CHARLET

Pathétique.

IRÉNÉE

Pathétique? Bien. *(Il se recueille un instant, puis il commence, avec des sanglots dans la voix.)* « Tout... condamné à mort... aura... *(dans un sanglot)* la Tête Tranchée! »

Il cache son visage dans ses mains. La troupe des joyeux farceurs applaudit, et pousse différents cris d'admiration. On lui demande ensuite : tragique, interrogatif, dubitatif; la crainte, l'espoir, la stupeur, l'inquiétude, la férocité. Au milieu de cette démonstration, nous le quittons, et nous allons dans l'épicerie.

Dans la salle à manger de l'épicerie. – Le couvert est mis, la tante coupe le pain de la soupe. Le rideau qui mène au magasin se soulève, et la face de l'oncle paraît.

L'ONCLE

Dis, Clarisse, on mange?

LA TANTE

Dès que tu voudras, si on n'attend pas Irénée.

CASIMIR

Oh Irénée, à ce qu'il paraît qu'il mange au cercle avec les artistes de ce matin.

L'ONCLE

C'est toujours ça de gagné. A table.

Il entre, il va s'asseoir.

Dans un petit café, le soir. – Charlet est assis à une table, près d'Irénée. Il y a toute l'équipe, sauf Astruc, Cousine et Françoise. Ils ont fini de dîner.

CHARLET *(gravement)*

Et vous savez, ce qui vous arrive là, ça n'arrive pas à tout le monde.

IRÉNÉE

Mais qui est-ce, ces frères Vernickel?

CHARLET

Ce sont des Américains.

48

DROMART

Les maîtres de l'industrie du film.

BAUMEL

C'est une sorte de Rockefeller double.

IRÉNÉE

Double?

MARTELETTE

Parce qu'ils sont deux.

CHARLET

Et de plus, ils sont jumeaux!

DROMART

Et nés le même jour!

IRÉNÉE

Comme tous les jumeaux, voyons!

CHARLET

Naturellement.

DARÈNE

Il y a Métro Vernickel et Bazouf Vernickel. Ils ont au moins deux cents millions.

IRÉNÉE *(ravi)*

Oui, ils peuvent acheter le vinaigre au litre. Et pourquoi sont-ils ici?

CHARLET

Ma foi, je n'y comprends rien. Ils ne sont jamais venus en Europe. A leur premier voyage, ils débarquent dans un petit village de Provence.

IRÉNÉE *(mystérieux)*

Où nous sommes.

DROMART

Mais pourquoi?

IRÉNÉE *(insinuant)*

Peut-être cherchent-ils une nouvelle vedette pour remplacer les leurs qui commencent à vieillir?

CHARLET

Oui, peut-être cherchent-ils?

IRÉNÉE

Peut-être ont-ils entendu raconter – messieurs, je le dis timidement, et à tout hasard – peut-être ont-ils entendu raconter que dans ce village, au cercle, un jeune homme avait joué, dans la Passion, le rôle de Jésus-Christ. Et ce jeune homme avait obtenu un triomphe – et il avait joué avec tant de sincérité que ni son oncle – épicier – ni son frère – épicier affectueux – ne l'avaient reconnu. Peut-être l'ont-ils entendu dire?

DROMART *(innocent)*

Où est-il ce jeune homme?

IRÉNÉE

C'est moi. *(Un temps.)* Tout de même, ils sont formidables, ces Américains! Ils sont là-bas à 30 000 kilomètres, ils entendent parler d'une personne de valeur... Ils viennent... et vsst... Ils la raflent!

DROMART
Ah! Pour ça, ils n'hésitent pas!

IRÉNÉE
Hé non, et c'est ça qui fait leur force...

Dans une salle de café, le maquilleur fait une tête d'Oncle Sam à Astruc. Cousine qui est déjà vêtu en Oncle Sam assiste à la scène, ainsi que Françoise qui tape. Elle s'arrête.

COUSINE
Ah non, mon vieux, non. Tu lui fais la barbe plus longue qu'à moi.

MAQUILLEUR
Je commence! Je vais la tailler ensuite.

COUSINE
Puisque nous sommes des frères jumeaux, il faut que tout soit pareil voyons.

ASTRUC
Ne t'inquiète pas pour la barbe. Et surveille plutôt tes gestes et ta voix.

COUSINE *(voix d'homme)*
Quoi? Tu ne me crois pas comédien? Je peux très bien jouer un homme, et je te le prouverai. Françoise, tu as le contrat?

FRANÇOISE
Oui. Il est rigolo. Peut-être trop. D'ailleurs, c'est bien mieux comme ça. Moi, j'aimerais qu'il comprenne qu'on se fout de lui.

Dans l'épicerie, l'oncle Baptiste est au comptoir. Avec un long couteau flexible, il coupe des tranches de saucisson. Une dame assez grosse attend, les mains croisées sur le ventre; et le filet à provisions pendant devant son tablier.

L'ONCLE

Le saucisson, madame Fenuze, c'est la viande la meilleure et qui coûte le moins cher, parce que c'est la seule viande où il n'y a pas d'os.

MME FENUZE

C'est la vérité. Et puis, ça serait drôle, un saucisson avec un os au milieu! Ça serait même rigolo. Ça me donne des idées!

Entre Irénée. Il est souriant et supérieur... L'oncle regarde le cadran de la balance et annonce :

L'ONCLE

110 grammes. Trois francs.

IRÉNÉE

Bonjour. Bonjour Madame!

MME FENUZE

Bonjour.

Elle paie, pendant que l'oncle Baptiste plie le saucisson dans un papier.

IRÉNÉE

L'oncle est-ce que je pourrais te parler une minute?

L'ONCLE *(stupéfait)*

Quoi? Tu veux me parler une minute sans t'arrêter?

IRÉNÉE

Pas du tout. C'est une locution.

L'ONCLE *(soupçonneux)*

Une locution? Qu'est-ce que tu veux dire par là?

IRÉNÉE

Tu le sauras bientôt. Dès que madame aura fran-
chi le seuil. Bonjour Madame. *(Il la fait reculer vers
la porte.)*

MME FENUZE

Oh mais dites, il est poli votre neveu. Il me parle
comme à une mendiante! Si on reçoit les clients
comme ça! Je paye moi, je paye en argent.

IRÉNÉE

Mais on vous a payée en saucisson. C'est une
monnaie qui vaut bien l'autre, et qui ne sera pas
dévaluée. Bonjour madame.

L'ONCLE

Irénée!

IRÉNÉE *(il referme la porte derrière la dame)*

L'oncle tais-toi. Nous sommes au plus beau jour
de ma vie, et de la tienne. Ce n'est pas les cinq sous
que tu viens de gagner sur le saucisson de la dame
qui doivent t'inspirer du respect pour elle. Regarde
ceci.

Il tire son contrat plié en quatre.

L'ONCLE

Qu'est-ce que c'est?

IRÉNÉE *(il jette le contrat sur le plateau
de la balance)*

Si ce papier pesait autant que les lingots d'or qu'il représente, il aurait fait péter le ressort.

CASIMIR *(ému)*

Qu'est-ce que c'est?

IRÉNÉE

Un contrat. Le contrat de mon don.

CASIMIR

C'est vrai?

L'ONCLE

Mes lunettes. Trouve-moi mes lunettes.

IRÉNÉE

Non, je vais te le lire moi-même. Mais pas ici. Dans l'intimité de la famille. De la famille subitement enrichie par mon Don.

Il l'entraîne dans l'arrière-boutique.

Dans la salle à manger-cuisine. — La tante fait paisiblement sa vaisselle. Irénée entre, avec l'oncle et Casimir. Il les tient affectueusement par les épaules. Soudain, il dit avec émotion : « L'oncle » et il embrasse l'oncle. Puis il dit : « Casimir » et il embrasse Casimir. Enfin, il s'avance vers Clarisse, il la

prend aux épaules, et il dit : « Tante! » et il embrasse
la tante.

LA TANTE

Mais qu'est-ce qu'il se passe?

L'ONCLE

Je me le demande.

LA TANTE

Tu as dîné, au moins?

IRÉNÉE

Oui, j'ai dîné. Asseyons-nous. Tout à l'heure, ça
sera le champagne. *(Un grand temps. Tous se regar-*
dent. Irénée tousse une ou deux fois. Enfin, il parle.)
D'abord, l'oncle, sais-tu ce que c'est que le cinéma
parlant?

L'ONCLE

Oui. C'est une salle sans lumière, où je m'ennuie
énormément.

IRÉNÉE

Tu as tort.

L'ONCLE

J'ai tort de m'ennuyer? Mais dis donc, je ne le fais
pas exprès, parce que moi, de m'ennuyer, ça m'ennuie. Le rapport avec ce papier?

IRÉNÉE

L'oncle, mon don de Dieu, c'est le cinéma.

LA TANTE

Quoi?

IRÉNÉE

Oui. Comédien. Acteur. Tragédien. Ça te fait plaisir?

L'ONCLE *(débonnaire, mais ironique)*

Ma foi, il vaut mieux le savoir... Comme ça, au moins on est fixé. Et alors?

IRÉNÉE

Une puissante compagnie américaine, qui a une filiale en France, m'a signé cet engagement. Ecoute. *(Il commence à lire.)* « *Entre la maison Vernickel et Cie, d'Hollywood et M. Irénée Fabre, il est convenu ce qui suit : M. Irénée Fabre est engagé en qualité de comédien pour une durée de trois ans, et sa première création sera le rôle du Schpountz.* »

ASTRUC

Qu'est-ce que c'est que ça?

IRÉNÉE

Les explications, après. *(Il reprend sa lecture.)* « *M. Irénée Fabre recevra comme salaire une somme de mille dollars par semaine.* » Ce qui fait 25 à 30 000 francs par semaine. Voilà ce que c'est que les Américains.

CASIMIR

Ça y est! J'en étais sûr!

L'ONCLE

Ça m'étonnerait s'ils t'avaient payé une semaine d'avance.

IRÉNÉE

Pourquoi dis-tu ça?

L'ONCLE

Parce que je connais les Américains. Voyons la suite.

IRÉNÉE

« *Si les nécessités de la production forcent M. Iré-née Fabre à travailler sous un climat qui n'est pas le sien, et au pôle Nord comme au Sénégal* » l'oncle, une parenthèse : ceci est évidemment exagéré, seulement ne perds jamais de vue que ce sont des Américains. Alors, dans un contrat, ils prévoient tout.

L'ONCLE

Même le pôle Nord et le Sénégal.

CASIMIR

Ça se comprend.

L'ONCLE *(joyeux)*

Et si ça ne se comprend pas, ça se rêve!

IRÉNÉE

Il y a des indemnités prévues. « *Au-dessus de 30 degrés à l'ombre M. Fabre recevra une prime de 100 francs par jour et par degré.* » Ainsi, pour 45 degrés j'aurai 1 500 francs par jour de plus.

CASIMIR

45 degrés, c'est chaud.

L'ONCLE

Avec les 1 500 francs, il s'achètera des éventails.

IRÉNÉE *(ravi)*

Et même, je me ferai éventer par des nègres!

LA TANTE

Pas possible!

IRÉNÉE

« *Au-dessous de 0 degré M. Fabre recevra une prime de 200 francs par jour et par degré de froid.* » Un rapide calcul te montre que pour moi, moins quarante égale plus huit mille. Simple, logique, naturel.

LA TANTE

Moi, je n'y comprends plus rien.

IRÉNÉE

Ce n'est pas fini : les maladies.

L'ONCLE

Oui, les maladies. Un peu voir les maladies.

IRÉNÉE

« *En cas de maladies contractées en pays étrangers, les indemnités seront payées selon le barème suivant.* » Autre parenthèse : les maladies sont payées en monnaie du pays de la maladie. Au premier abord, ça paraît bizarre, et même rigolo. Mais en y réfléchissant, c'est absolument logique. C'est pour que tu aies de la monnaie du pays, pour te faire soigner sur place.

« BARÊME
1. – *Pieds gelés, 4 500 roubles;*
2. – *Fièvre jaune, 4 500 piastres;*
3. – *Lèpre, 40 000 roupies;*
4. – *Béri-béri, 5 défenses d'éléphants;*
5. – *Morsure de phoque, 2 000 poissons boucanés.* »

58

Irénée s'arrête et il rit franchement.

IRÉNÉE

C'est inouï, ces Américains! Quelle fantaisie, et en même temps quelle précision! Moi, quand ils m'ont lu ça, je n'ai pas pu m'empêcher de rire! Mais ils m'ont calmé tout de suite en me montrant une petite note en bas de la page : « *En cas de décès, des funérailles solennelles, et le retour du corps en France seront payés par la maison.* » Ça, le rire, ça te le coupe.

CASIMIR

Qu'est-ce que tu en dis, l'oncle?

L'ONCLE *(pensif)*

Il y a une question grave que je me pose depuis un moment.

IRÉNÉE

A propos du contrat?

L'ONCLE

Oui. A propos du contrat. Tu permets?

IRÉNÉE

Bien volontiers. Tu n'as jamais brassé des millions mais je reconnais que tu as le sens des affaires. Alors une question posée bien à propos, ça pourrait m'aider. M'éclairer. Peut-être pas pour ce contrat, puisqu'il est déjà signé : mais pour le suivant.

L'ONCLE

Eh bien, la question, la voilà : est-ce que c'est toi qui te fous de nous, ou est-ce que c'est eux qui se sont foutus de toi?

IRÉNÉE

Bon. Je m'y attendais. Je savais que ta première idée serait de me décourager. Mais je vais t'expliquer, te persuader... te...

L'ONCLE

Alors, c'est encore plus grave. Je te savais marteau, mais je ne te croyais pas aussi avancé. Tu es comme ces boîtes de camembert que j'ai refusées, parce qu'elles avaient coulé dans la caisse à outils du camion. Tu es comme les anchois du pauvre Carbonnières, gonflés, verdâtres, avec des champignons : non seulement tu es la véritable andouille, mais tu es l'andouille des Tropiques.

IRÉNÉE *(il se lève)*

Bon. J'ai eu tort de parler, de t'entraîner sur un terrain qui n'est pas le tien. Tu y es dépaysé, désorienté, et fatalement, tu n'y comprends rien. Puisque tu ne partages pas ma joie, je ne puis que te faire part de mes intentions : je vais me coucher.

L'ONCLE

Ça, c'est raisonnable.

IRÉNÉE

D'autant plus que demain, je dois me lever de bonne heure. J'irai en ville faire quelques courses, et prendre mon billet pour Paris. Oui. Car je pars demain à 11 h 5 par le train aérodynamique. Bonne nuit.

Il sort. La famille se regarde en silence. Puis l'oncle parle tristement.

L'ONCLE

Et là, on aurait beau le mener au docteur, et lui payer les remèdes les plus chers, même les homéopathiques, il n'y a rien à faire. Ça ne guérit pas.

Astruc – Françoise – dans le hall de l'hôtel.

FRANÇOISE

On peut s'amuser, oui, mais enfin, la rigolade a des limites. Et si ce type-là partait pour Paris!

ASTRUC

A condition qu'il prenne le train, il y arriverait.

FRANÇOISE

Et puis?

ASTRUC

Et puis on s'en fout.

FRANÇOISE

Mais lui, en arrivant à Paris, est-ce qu'il s'en foutrait?

ASTRUC

Oh dis donc, moi, c'est déjà assez compliqué d'être moi. Je ne vais pas en plus me mettre à la place des autres.

FRANÇOISE

S'il a vraiment marché, ça nous donne à tous une responsabilité. En tout cas, moi, ça m'ennuie d'avoir été dans ce coup-là. Ça serait à refaire, je ne le referais pas.

ASTRUC

Oui, toi, tu as toujours des scrupules. Tu en as pour tout et pour le reste. Seulement, si quelqu'un t'aime il ne t'intéresse pas. Mais s'il passe un canard boiteux, oh alors, ça c'est important, c'est passionnant, et du moment que c'est personne, pour toi ça devient quelqu'un. Tu es la vraie sœur de charité. Mais il y a une chose que tu devrais savoir : charité bien ordonnée ça commence par les copains.

FRANÇOISE

Ça dépend de ce que les copains vous demandent.

ASTRUC

Tiens, tu me fais suer.

Il s'en va. Elle attend, pensive.

Dans sa chambre, Irénée prépare ses bagages : il entasse des costumes qui ne sont pas bien nombreux – dans une vieille valise. L'oncle, goguenard, le regarde faire.

L'ONCLE

Alors, c'est décidé, tu pars?

IRÉNÉE

Qui m'en empêcherait?

L'ONCLE

Oh pas moi! Remarque que j'aurais pu le faire. Les farceurs qui t'ont fait la blague sont encore à l'hôtel Boulégon. J'aurais pu aller les voir, leur expliquer que leur charmante plaisanterie pouvait avoir des suites tragiques, et ils seraient venus eux-mêmes pour te détromper. Je ne l'ai pas fait.

IRÉNÉE

Pourquoi?

L'ONCLE

Parce que maintenant que j'ai découvert le pot aux roses, c'est-à-dire le point sensible, la gâchette de ta folie, je pense qu'il ne faut pas te retenir. D'abord, pendant vingt ans tu me reprocherais de t'avoir fait manquer ta vie, et ton état ne pourrait que s'aggraver.

IRÉNÉE *(il rit de grand cœur)*

S'aggraver! Mon état!

L'ONCLE

Et puis, peut-être que devant la réalité, tu te rendras compte de ta bêtise. Ça pourrait peut-être te guérir, qui sait?

IRÉNÉE

Ça pourrait peut-être me donner la gloire et la fortune, qui sait?

L'ONCLE

En attendant, tu n'as pas de quoi t'acheter une tranche de saucisson.

IRÉNÉE

Pardon. J'ai pris tout mon argent à la Caisse d'Epargne. 1 300,25 F.

L'ONCLE

Et où veux-tu aller avec ça?

IRÉNÉE

A Paris. Je n'ai besoin que d'un billet de chemin de fer – et je l'ai.

Il montre avec fierté son billet.

L'ONCLE

Tu aurais dû prendre un aller-retour.

IRÉNÉE

Non. Je reviendrai dans ma huit cylindres. Le contrat prévoit une avance de 10 000 francs. Et samedi prochain, mille dollars!

L'ONCLE *(catégorique)*

Ramollissement de la cervelle.

IRÉNÉE *(illuminé)*

Espoir légitime et naturel!

L'ONCLE

Délire pitoyable d'un prétentieux!

IRÉNÉE

Bon sens et logique d'un Français moyen!

L'ONCLE

Fantasmagorie de jobastre.

IRÉNÉE

Méfiance de boutiquier.

L'ONCLE

Mais tu ne le vois pas qu'on s'est foutu de toi?

IRÉNÉE

De grands cœurs m'ont tendu la main.

L'ONCLE *(exaspéré)*

Mais un contrat comme le tien, ça ferait rire un fossoyeur!

IRÉNÉE *(calme)*

Or, je ne suis pas fossoyeur; c'est peut-être pour ça que je ne ris pas.

L'ONCLE

Si c'est possible d'entendre des choses pareilles.

IRÉNÉE

Va, va, avec mes premières économies, je t'achèterai Félix Potin.

L'ONCLE

Il y a de quoi pleurer.

IRÉNÉE

Tu as beau être injuste, incrédule et méchant : je te l'achèterai, Félix Potin. Et si tu ne le veux pas, je le jetterai *(en effet : il déchire Félix Potin, jette les morceaux à terre, et les repousse à coups de pied sous la commode)*.

L'usine des jambons Olida, je te la donnerai pour ta fête, et la sardine Amieux ça sera pour ton petit Noël. Ah! Tu m'as reproché le pain que je mangeais : je te gaverai de brioches.

L'ONCLE *(qui sort consterné)*

Pauvre couillon! Pauvre, pauvre, pauvre couillon!

Il referme la porte.

Il fallait s'y attendre... Les difficultés commencent : c'est le signe de la réussite.

A la terrasse d'un petit café, Françoise réfléchit. Elle fume une cigarette, et devant elle, il y a un grand verre de pernod. Soudain, Casimir paraît au bout du trottoir. Il a son tablier bleu, et un crayon sur l'oreille. Il s'avance vers elle, timide, mais décidé.

CASIMIR

Madame...

FRANÇOISE

Monsieur.

CASIMIR

Madame, je suis le frère d'Irénée, et je suis venu vous remercier.

FRANÇOISE

Il n'y a certainement pas de quoi, d'autant plus que je ne connais aucun Irénée.

CASIMIR

L'acteur... Enfin, le futur acteur... Celui que vous avez fait engager... Le Schount... Le psoutz. Enfin, je ne sais pas bien prononcer, n'est-ce pas...

FRANÇOISE

Ah! Bon... Je vois ça... Et vous me remerciez de quoi?

CASIMIR

De l'occasion merveilleuse que vous lui avez offerte.

Françoise regarde ce brave garçon, humble et timide, qui attend sa réponse avec une inquiétude mal dissimulée. Elle est très gênée.

FRANÇOISE

Oh vous savez... Il ne faut rien exagérer... Il n'y a encore rien de bien certain...

CASIMIR

Pourtant, il me semble qu'un contrat...

FRANÇOISE

Oui, évidemment... Un contrat, c'est toujours quelque chose.

CASIMIR

N'est-ce pas? Seulement son contrat nous a paru bizarre, peut-être parce que nous n'avons pas l'habitude du cinéma... Et alors mon oncle ne veut pas le croire, et il n'arrête pas de lui dire – excusez l'expression – qu'on s'est foutu de lui.

FRANÇOISE

On le verra bien.

CASIMIR *(inquiet)*

Oui, mais on risque de le voir trop tard. S'il ne s'en aperçoit qu'à Paris... Il a déjà pris son billet.

FRANÇOISE

Ah?

CASIMIR

Oui. Alors, si on s'est foutu de lui... Vous me comprenez. Si on l'a pris pour un imbécile...

FRANÇOISE

Ecoutez-moi : dites à votre frère que je désire lui parler en tête-à-tête. N'en parlez à personne qu'à lui – et qu'il garde le secret sur cette entrevue...

CASIMIR

Bon. *(Très ému.)* On s'est foutu de lui?

FRANÇOISE

Non, non, pas précisément, mais enfin, je tiendrais à lui dire certaines choses... A le mettre en garde contre des espoirs trop grands... N'est-ce pas? Nous faisons un métier où l'on a parfois des déceptions. Vous me comprenez?

CASIMIR *(navré)*

Oui, je comprends qu'on s'est foutu de lui.

FRANÇOISE

Non, non... Là, vous êtes trop brutal. Pas du tout. Mais je veux attirer son attention sur certaines, sur certaines... Enfin, prévenez-le. Je l'attends dans un quart d'heure.

Dans la chambre d'Irénée. Il finit de boucler sa valise. Casimir entre brusquement.

CASIMIR

Irénée viens vite, il y a la femme du cinéma qui veut te parler.

IRÉNÉE

Où elle est?

CASIMIR

A la terrasse de Boulégon.

IRÉNÉE *(surpris)*

Elle est seule?

CASIMIR

Oui, elle est seule. Et même, elle désire se cacher.

IRÉNÉE

Qui t'a dit ça?

CASIMIR

Elle. Elle m'a bien recommandé de ne rien en dire à personne.

IRÉNÉE

Et, elle avait l'air d'y tenir?

CASIMIR

Oui, elle avait l'air d'y tenir.

IRÉNÉE *(se pâme d'aise)*

Et voilà! Elles n'attendent même pas mon premier succès... C'est vrai qu'après, je serai peut-être plus difficile.

CASIMIR

Tu crois vraiment?...

IRÉNÉE

Enfant que tu es! C'est toi qui m'apportes le

message, et tu ne comprends pas ce qu'il veut dire...
Que c'est beau la naïveté! *(Pensif.)* Elle n'est pas
très très jolie, mais c'est la première : il faut y aller...
Plus tard, ça sera un écho charmant dans *Pour
vous*.

Il sort.

*Françoise l'attend au café. Elle lit un journal. Il
s'avance.*

IRÉNÉE *(presque protecteur)*
Bonjour petite Françoise.

FRANÇOISE
Bonjour monsieur.

IRÉNÉE
Mon frère est venu me dire que vous désiriez me
parler. Quoique cet endroit ne soit pas digne de
vous, ni de moi, ni de mon CONTRAT, je ne me suis
pas permis de vous faire attendre, et je suis à vous.

FRANÇOISE
Qu'est-ce que vous buvez?

IRÉNÉE
Comme vous.

FRANÇOISE
Bon. *(Au garçon.)* Un pernod s'il vous plaît.
Voilà : nous allons partir tout à l'heure.

IRÉNÉE
Oui, nous allons partir tout à l'heure?

70

FRANÇOISE

Vous aussi?

IRÉNÉE

Moi aussi.

FRANÇOISE

Vous comptez partir?

IRÉNÉE

J'ai mon billet.

FRANÇOISE *(étonnée)*

Déjà?

IRÉNÉE

Depuis ce matin. Vous pouvez compter sur moi.
Vous me comprenez.

FRANÇOISE

Je regrette que vous ayez pris votre billet.

IRÉNÉE

Vous vouliez me le payer, comme le pernod?

FRANÇOISE

Non, je ne vous l'aurais pas payé. Mais puisque
vous l'avez pris, il faudrait peut-être que je vous le
rembourse.

IRÉNÉE

Oh! Oh! Comprends-je bien?

FRANÇOISE

Ce n'est pas très difficile à comprendre.

IRÉNÉE

En somme, c'est un aveu?

FRANÇOISE

C'est un aveu si vous voulez... Pour moi, ce serait plutôt une mise au point.

IRÉNÉE

Formule élégante et discrète. *(Il se rapproche d'elle.)* Ecoutez-moi : j'ai pour vous une grande, une sincère, une profonde reconnaissance. Certes, les qualités naturelles que je puis avoir, vous ne me les avez pas données. Mais peut-être que sans vous, je n'aurais jamais eu l'occasion de les manifester. Je vous le dis bien haut, et je le dirai toute ma vie, même si mon destin m'accorde le succès : ce contrat c'est à vous que je le dois.

FRANÇOISE

Pas à moi seule, heureusement.

IRÉNÉE

A vous seule! Les autres ont été très gentils, je le sais. Mais c'est vous qui, par quelques mots adroitement placés, avec votre adresse féminine, leur avez donné la bonne opinion qu'ils ont de moi. Je vous en remercie.

FRANÇOISE

C'est donc moi seule que vous rendez responsable de l'aventure?

IRÉNÉE

C'est sur vous seule que j'en reporte le mérite.

FRANÇOISE

Oh le mérite n'est pas grand. Alors, vraiment, vous n'avez pas compris du tout?

IRÉNÉE

Ça vous ferait plaisir que j'aie compris?

FRANÇOISE

Si vous aviez déjà des soupçons, ça serait plus facile à dire.

IRÉNÉE

Je n'ai pas de soupçons... Mais j'ai des certitudes. Il y a des choses que l'on fait semblant de ne pas voir, et que pourtant l'on voit très bien... Très clairement.

FRANÇOISE

Sérieusement, vous avez compris?

IRÉNÉE

Je l'ai dit à mon frère. Demandez-le-lui.

FRANÇOISE

Alors votre billet de chemin de fer, ce n'est pas vrai?

IRÉNÉE

Comment, ce n'est pas vrai? Le voilà.

Il sort son billet de sa poche.

FRANÇOISE

Alors, vous n'avez rien compris du tout!

IRÉNÉE

Oh que si! Mais je comprends aussi la pudeur féminine... Inutile de vous expliquer davantage *(il lui baise la main)*. Vu. Accepté.

FRANÇOISE *(qui le regarde avec stupeur)*

Mais c'est vrai que vous êtes idiot!

IRÉNÉE

Oh que non!

FRANÇOISE

Oh que si!

IRÉNÉE

Oh que non! Ah fine mouche! Vous savez les prendre, vous, les devants! Et vous arrivez bonne première, je le reconnais... Ah! petite coquine!

Il se lève, il veut l'embrasser. Elle lui lance une superbe gifle. Irénée devient tout rouge.

IRÉNÉE

Oh mais dites! Qu'est-ce que c'est?

FRANÇOISE

C'est une gifle. Excusez-moi si j'ai frappé trop fort. Asseyez-vous!

IRÉNÉE

Mais alors, vous, vous êtes compliquée.

FRANÇOISE

Oh pas du tout!

IRÉNÉE

Mais qu'est-ce qu'il se passe?

FRANÇOISE

On vous a fait une farce stupide. Votre contrat n'est qu'une plaisanterie.

IRÉNÉE *(ahuri)*

Comment? Un contrat signé par MM. Bazouf et Métro Vernickel, venus d'Hollywood pour me voir, en présence de vingt témoins?

FRANÇOISE

Les frères Vernickel n'existent pas.

IRÉNÉE

Mais vous les avez vus comme moi!

FRANÇOISE

C'était l'opérateur et le photographe. Ils étaient même si mal maquillés, que vous auriez dû les reconnaître!

IRÉNÉE

Et pourquoi auraient-ils fait ça?

FRANÇOISE

Pour s'amuser. Nous n'avions rien à faire ce soir-là. Tout le monde avait un peu bu. Vous aussi, d'ailleurs... Vous étiez assez prétentieux... Alors, pour rire, on a fait ce contrat... Mais lorsque j'ai appris que vous alliez partir pour Paris, il m'a semblé que mon devoir était de vous dire la vérité!

IRÉNÉE *(sarcastique)*

Parce que vous êtes une femme de devoir.

FRANÇOISE

Peut-être.

IRÉNÉE

Dans ce cas, comment expliqueriez-vous que mon oncle, qui ne vous connaît pas et qui ne peut être au courant de la plaisanterie, m'a dit exactement la même chose que vous?

FRANÇOISE

L'explication est extrêmement simple : votre oncle a du bon sens, voilà tout.

IRÉNÉE *(ironique)*

Tandis que moi, je n'en ai pas.

FRANÇOISE

Pas beaucoup. A la place, vous avez de la poésie.

IRÉNÉE

Oh merci! *(subitement sévère)* Alors, si vous ne travaillez pas pour mon oncle – et après tout, c'est possible, pour qui travaillez-vous? Quelle vedette – ou quel groupe de vedettes vous a chargée – moyennant finances – d'écarter de leur chemin les jeunes natures qui pourraient un jour menacer leur gloire et leurs intérêts?

Françoise est stupéfaite de la prétention du fada. Elle le regarde, elle hausse les épaules, et lui dit en souriant :

FRANÇOISE

Monsieur, un peu de bon sens, et surtout un peu de modestie!

IRÉNÉE

Madame, on peut être modeste, et ne pas ignorer sa valeur! Il y aurait peut-être une troisième explication : elle est si basse, que je n'osais pas l'accueillir.

FRANÇOISE

Et laquelle?

IRÉNÉE

Vous êtes, si j'ai bien compris, monteuse de films, c'est-à-dire que c'est vous qui tripotez la pellicule : vous la coupez, vous la collez, vous la rafistolez, et cétéra, et cétéra.

FRANÇOISE

Oui. Et cétéra.

IRÉNÉE

Et pourquoi donc, mademoiselle, vous êtes-vous réfugiée dans les coulisses du cinéma? Parce qu'on ne vous a pas voulue sur l'écran. Oui, vous avez rêvé d'être Greta Garbo... Mais vous n'aviez pas le physique : on vous a renvoyée à l'atelier... Et cet échec, vous l'avez sur le cœur... Et quand vous voyez un jeune homme particulièrement doué, j'ose le dire, qui signe un contrat miraculeux, le contrat que vous n'avez jamais pu avoir – la rage et l'envie vous soulèvent la bile – et vous essayez par tous les moyens de lui faire manquer son destin. Mais non, perfide. Ce n'est pas si facile. Je serai tout à l'heure dans le train.

Il se lève.

Tant pis pour vous.

IRÉNÉE

Mais voyons, madame, voyons! Un peu de bon sens, un peu de logique! Même si vous n'avez pas renoncé à l'espoir d'être un jour une vedette, en quoi mon succès peut-il vous gêner? Nous n'avons pas les mêmes qualités, nous ne sommes même pas du même sexe. Qu'est-ce que ça peut vous faire que je sois un Clark Gable, un John Barrymore, un Charles Boyer? Alors, ça ne serait que de l'envie, la basse envie au teint jaunâtre, le désir de nuire sans aucun profit pour vous? Ah! C'est vil! C'est bas! C'est laid! Non, ne prolongeons pas cette conversation aussi pénible qu'inutile... Je serai à Paris demain madame, et du fond de quelque atelier, vous me verrez peut-être passer, simple et modeste, au milieu des autres acteurs. Je vous salue.

Il s'en va dignement. Françoise restée seule, le regarde partir, et elle dit en riant :

FRANÇOISE

On a eu une bonne idée de faire une blague à un fou!

DEUXIÈME PARTIE

A Paris, devant les Studios de France. Devant la petite porte des studios, il y a une vingtaine de figurants qui ont des têtes caractéristiques. Il y a le vénérable vieillard, la mère noble, l'ingénue, la mère maquerelle, la brute, le jeune premier, le clochard, etc... Ils attendent. Certains discutent.

LE CLOCHARD

Mon vieux, quand tu n'as pas de convocation, le plus difficile, c'est d'entrer... Mais une fois que tu es dedans, tu es sûr de trouver du boulot. Moi je te le dis.

LE PÈRE NOBLE

Eh ben, mon vieux, avec le portier marseillais, celui qui a deux mètres de haut, il n'y a rien à faire.

LE CLOCHARD

Qu'est-ce que tu racontes? Il y a affaire avec tous... Et le Marseillais comme les autres! Il s'agit de savoir le prendre.

A ce moment, la porte s'ouvre, et un figurant en

jaillit, poussé par un admirable coup de pied au derrière.

LE PÈRE NOBLE

Tiens, en voilà un qui a pas su le prendre.

LE FIGURANT *(expulsé se relève, ramasse son chapeau, se frotte les fesses, et dit philosophiquement :)*

Qui ne demande rien n'a rien.

LE PÈRE NOBLE

Tandis que toi, tu as demandé et tu as reçu un bon coup de pied dans les fesses. C'est toujours ça de gagné!

Nous voici maintenant dans le bureau de Meyerboom lui-même. Il y a un mobilier moderne, et plusieurs téléphones. M. Meyerboom est assis dans un grand fauteuil. En face de lui est assis un homme de loi, d'allure fort respectable. C'est son avoué. Il paraît un peu inquiet.

L'AVOUÉ

Pourtant, cher M. Meyerboom, excusez-moi si je vous pose des questions indiscrètes mais enfin, je suis votre avocat, et je pourrais être un jour appelé à préparer votre défense!

MEYERBOOM

D'accord.

L'AVOUÉ

Bon. A quoi correspondaient ces traites?

MEYERBOOM *(serein)*

A un immense besoin d'argent.

L'AVOUÉ

Je comprends bien. Mais elles faisaient partie de quelle opération commerciale? Pour justifier l'existence d'une traite, il faut une opération commerciale réelle.

MEYERBOOM

Oh! Soyez tranquille! Il y en a une!

L'AVOUÉ *(rassuré)*

Ah! Laquelle?

MEYERBOOM

Une opération véritable, palpable, avec des papiers et des signatures!

L'AVOUÉ *(rassuré)*

Ah! Laquelle?

MEYERBOOM

Eh bien, pendant que je tirais deux millions sur Meyerowickz, Meyerowickz tirait deux millions sur moi. Sur du papier. Rien que du papier. Et toutes les banques ont payé! C'est simple comme le jour, et c'est moi qui l'ai inventé.

L'AVOUÉ *(désolé)*

Oh que non! Il y a déjà des milliers de gens qui ont fait de la prison pour ça.

MEYERBOOM *(indigné)*

Avec mon invention?

L'AVOUÉ

Eh oui. Le plus curieux, c'est qu'ils s'en servaient avant que vous l'inventiez : *(Consolant :)* Mon cher Meyerboom, tous les mots d'amour ont été dits, tous les poèmes ont été chantés, toutes les escroqueries ont été faites!

MEYERBOOM

Mais moi, mon truc, ce n'est ni un mot d'amour, ni un poème.

L'AVOUÉ

Eh non – mais c'est une escroquerie très ancienne, qui est assimilée par le code à la fabrication de la fausse monnaie. On appelle ça vulgairement de la « cavalerie ».

MEYERBOOM *(vexé)*

Merde! Moi, des traites comme ça, j'en ai fait au moins deux cents. Ça devient une cavalcade. Vous avez eu tort de me dire ça. Je vais les voir galoper toutes les nuits.

L'AVOUÉ

C'est là qu'est le danger, mon cher ami : la cavalerie, ça galope. A force de galoper, ces traites-là finiront bien par arriver quelque part!

MEYERBOOM

Qu'elles arrivent où elles voudront, pourvu qu'elles ne reviennent pas ici! Ce qu'il y a de plus désagréable dans les traites, c'est qu'elles ont le même caractère que le boomerang. Tu la lances et pfff... Elle file, elle s'en va, elle disparaît et tu es heureux... Et puis trois mois après, tu entends : vzz...

vzz... vzz... La voilà qui revient comme un vrai pigeon voyageur... et qui se pose sur ton bureau, à l'endroit même où tu l'as signée... Et si tu la relances, elle te reviendra, comme ces chiens qu'on essaie de donner ou de perdre, et qu'on retrouve chaque matin sur le paillasson...

L'AVOUÉ *(pensif)*

Et quelquefois les traites ne reviennent pas, mon cher ami...

Meyerboom s'éclaire.

MEYERBOOM

Vous avez vu ça, vous?

L'AVOUÉ

Eh oui. J'ai vu quatre millions de traites qui ne sont pas revenues sur le bureau natal...

MEYERBOOM *(ravi)*

Ah les bonnes traites!

L'AVOUÉ

Elles ne sont pas revenues, parce qu'elles s'étaient arrêtées sur le bureau d'un juge d'instruction.

MEYERBOOM *(soucieux)*

Ces gens-là, ça se mêle de tout. J'en ai connu un, moi, de juge d'instruction. Il m'a invité chez lui plus de vingt fois pour me parler de mes affaires. Eh bien moi, ce type-là, il ne m'a jamais plu.

L'AVOUÉ

Si vou ne payez pas les traites Meyerowickz, vous risquez de faire la connaissance d'un autre juge d'instruction, qui vous parlera encore de vos affaires, et qui ne vous plaira pas davantage.

Meyerboom se promène pensif, il ne paraît pas inquiet, mais absorbé. Et tout à coup, joyeux, il lève la tête, et il dit :

MEYERBOOM

Et si je prenais une hypothèque sur *Manon Lescaut*?

L'AVOUÉ

Qu'est-ce que c'est?

MEYERBOOM

Un film, qui est en cours de fabrication.

L'AVOUÉ

Ce film vous appartient?

MEYERBOOM

Je ne vous dis pas qu'il m'appartient. Je vous demande : si je donnais en gage ses recettes futures pour me faire avancer de l'argent?

L'AVOUÉ

Mais à qui appartiennent ses recettes futures?

MEYERBOOM

Mon cher, ses recettes futures, elles seront à celui qui les saisira. Et j'en connais une bonne douzaine qui auront le droit de les saisir!

L'AVOUÉ *(impatient)*

Mais enfin, qui est-ce qui fait ce film?

84

MEYERBOOM *(il rit joyeusement)*

Vous êtes un enfant.

L'AVOUÉ

Pourquoi?

MEYERBOOM

Vous avez l'air de croire qu'un jour, un monsieur s'est assis devant une table, et qu'il a dit : je vais faire un film avec *Manon Lescaut*. Et là-dessus, il a sorti un carnet de chèques, et il a signé un grand chèque de 1 800 000 francs. Il a engagé le personnel, les artistes, et il a fait le film. Vous croyez ça, vous?

L'AVOUÉ

Ce serait la forme naturelle d'une affaire cinématographique.

MEYERBOOM *(pensif)*

Comment pouvez-vous dire que c'est la forme naturelle d'une affaire cinématographique, alors que depuis que le monde existe, jamais, JAMAIS, aucune affaire cinématographique n'a eu cette forme-là? Non, voyez-vous, un film, on ne le fait pas : il se fait tout seul.

L'AVOUÉ

Voilà une conception singulière...

MEYERBOOM

Elle est vérifiée par l'expérience. Un soir, à table, quelqu'un dit : « Si on faisait *Manon Lescaut*? » Alors, tout le monde demande : « Qu'est-ce que c'est? » Alors le type répond : « C'est un roman

cochon qui a été écrit par un curé. » Et en effet, c'est
une œuvre de l'abbé Marcel Prévost. Le type raconte
l'histoire du livre. Et tout le monde dit : « C'est
épatant! C'est tout à fait cinématographique! On va
tourner ça... » « Moi, je mets 200 000 francs. »
« Moi, je mets 500 000 francs. » « Moi, je mets
600 000 francs. » Et puis, tout de suite on dresse la
liste des acteurs, sur un menu de restaurant. Et puis,
le lendemain, personne n'apporte un franc et le film
ne se fait pas.

L'AVOUÉ

Ça, c'est l'histoire des films qui ne se font pas.
Mais ceux qui se font?

MEYERBOOM

Attendez : ce sont les mêmes! Ce *Manon Lescaut*,
on ne le fait pas, mais on en parle. Ça tombe dans
l'oreille d'une petite femme, qui vient de lever un
gros marchand de savon. Ça intéresse un jeune
premier, qui offre un peu d'argent de sa vieille
maîtresse. Enfin, un machiniste dont la sœur est
figurante, et qui en parle à un directeur de studios
dont les studios n'ont rien à faire. On en parle de
plus en plus. L'affaire ne se fait toujours pas. Elle est
par terre, dans la cour du studio, comme un gros tas
de branches mortes, un gros tas inorganisé, bizarre,
qui ne ressemble à rien! Et tout à coup, surgit un
juif. Avec son esprit mince et tenace, il fait la ficelle
du fagot. D'un seul coup, tout se réunit, tout se
serre, tout devient utile. L'argent pleut de tous les
côtés... Ça y est, le film est commencé. S'il est
commencé, il se finira. Car un film, c'est comme un
enfant, et pour arrêter un film qui veut naître, il
faudrait une avorteuse!

L'AVOUÉ

Peut-être. Mais enfin, il faut de l'argent. Et cet argent que l'on vous donne, ce sont des avances?

MEYERBOOM

Eh oui.

L'AVOUÉ

Ces avances, comment sont-elles récupérables?

MEYERBOOM *(ravi)*

RÉCUPÉRABLES! Oh le beau mot! En théorie, elles sont récupérables sur les recettes du film.

L'AVOUÉ

Ceci est clair.

MEYERBOOM

Ça en a l'air. En pratique, on n'en récupère pas la moitié, parce qu'il y a tant de personnes qui ont des droits sur ces recettes, tant de créanciers qui ont le même gage, que finalement, on ne sait jamais à qui appartient le film. En somme, il appartient à celui qui le vend. C'est pour cela que je vous dis : Si je vendais *Manon Lescaut*? Parce que si je le vendais, ça serait la preuve qu'il est à moi.

L'AVOUÉ

Vous commettriez un abus de confiance et un vol!

MEYERBOOM

Mais jamais de la vie, cher ami! Vous dites tout de suite des mots grossiers! Si je vends *Manon Lescaut*, qui n'est peut-être pas à moi, ça ne sera pas pour m'enrichir! Cet argent qu'on me donnera, il me servira à payer des dettes. Des dettes de cinéma.

L'AVOUÉ

C'est si beau que ça?

MEYERBOOM

Mais non, ce n'est pas beau. C'est agaçant, c'est irritant, c'est emmerdant, c'est passionnant! Ecoutez... Et puis, non, je ne peux pas vous l'expliquer parce que vous n'êtes pas de notre métier!

L'AVOUÉ

Ce que je puis vous dire, c'est que vos constructions financières me paraissent bien fragiles...

MEYERBOOM

C'est peut-être ce qui en fait le mérite et la beauté.

Nous revenons devant la porte des studios.

LE CLOCHARD

Ils sont restés trois. Les deux autres sont en train de s'expliquer. Et tu vas voir que sur les trois...

A ce moment, un autre figurant jaillit de la porte entrebâillée.

LE PÈRE NOBLE

Il n'y en a plus que deux.

Le figurant essuie son chapeau avec son coude.

UN FIGURANT

Ça barde?

SECOND FIGURANT

Normal, normal.

Un autre figurant jaillit de la porte. Le Père Noble dit : « Plus qu'un. » A ce moment, on entend par-dessus le mur une violente conversation. On voit Irénée qui s'avance, l'air décidé. Comme il écarte les figurants pour aller jusqu'à la porte, le troisième figurant tombe du ciel. On vient de le lancer par-dessus le mur.

TROISIÈME FIGURANT

Et dire que je suis dans le cinéma depuis quinze ans!

LE PÈRE NOBLE

Si c'est comme ça que tu y es, tu dois avoir l'habitude de l'aviation!

Irénée s'avance.

IRÉNÉE

Bonjour messieurs. La direction, s'il vous plaît?

LE PÈRE NOBLE

Vous avez une convocation?

IRÉNÉE

J'ai mieux que ça!

LE CLOCHARD

Expliquez-vous avec le portier.

Irénée entre délibérément et nous entrons avec lui. Il y a un portier géant, en uniforme. Auprès de lui, deux chasseurs minuscules.

LE PORTIER

Qu'est-ce que c'est?

IRÉNÉE

La direction, s'il vous plaît?

LE PORTIER

De la part de qui?

IRÉNÉE

J'ai un contrat.

LE PORTIER

Montrez-le.

IRÉNÉE

Je ne pense pas qu'il soit nécessaire de montrer un contrat au portier, si grand soit-il.

LE PORTIER

Tu es marseillais?

IRÉNÉE

C'est une supposition que vous faites. Voulez-vous prévenir M. Meyerboom que le comédien engagé par ses patrons MM. Vernickel, est arrivé et se tient à sa disposition. Ce contrat, le voici. *(Il le montre, mais ne le donne pas.)* Il a été signé avant-hier soir devant toute une troupe, dans un petit village dans la banlieue de Marseille.

LE PORTIER

Ayayaïe! Et vous êtes venu de Marseille pour ça?

IRÉNÉE

On viendrait pour moins que ça, monsieur...

Le portier paraît assez ennuyé.

IRÉNÉE *(confidentiel)*

Mille dollars par semaine.

LE PORTIER

La semaine dernière, il y en avait un à 15 000 dollars par jour. Ecoutez, monsieur, la consigne, c'est la consigne. Je ne puis pas vous faire attendre ici. Ayez la bonté de rester un moment sur le trottoir.

IRÉNÉE

Dans la rue?

LE PORTIER

Dans la rue, ou alors, si vous voulez au petit café du coin.

IRÉNÉE

Vous savez qu'il y a un dédit de 500 000 francs.

LE PORTIER

Oh! Je m'en doute... Allez, monsieur je vous en prie... Je vais faire prévenir M. Meyerboom.

Il fait sortir Irénée. Puis il se tourne vers ses acolytes et il dit :

C'est encore un coup de la bande à Charlet. Seulement, celui-là vient de Marseille, il ne sera pas facile à décrocher... Si jamais le patron apprend ça!

Au bar des studios. – On ouvre sur un gros plan de Napoléon qui a un visage noble et pensif. Ses yeux sont baissés. Tout à coup, d'une voix grave il parle :

NAPOLÉON

Avec une tierce.

L'appareil recule. Napoléon joue à la belote. En face de lui, il y a le Maréchal Ney et une ravissante femme en tutu. Auprès de lui, le pape.

LE PAPE *(il est de Belleville)*

L'hauteur?

NAPOLÉON

Au roi.

LE PAPE

Elle est bonne.

MARÉCHAL NEY *(qui est de Toulouse)*

Et moi, j'ai un petit cinquante à carreau qui n'est pas précisément piqué des vers, foutre!

LE PAPE

Ah! c' qui sont vernis ces deux-là!

NAPOLÉON

J'attaque, carreau!

Entre Astruc. Il va vers le comptoir où sont appuyés

Dromart, Nick, Martelette, et quelques belles filles en tutu.

ASTRUC

Eh bien mes enfants, il n'y a rien de prêt. Sur le plateau A, c'est *Napoléon* qui continue – et sur le plateau B, il y a plein de belles filles en tutu. Ça s'appelle *Sex-appeal*, et ça n'a pas l'air d'être fini.

UNE DANSEUSE

Nous avons commencé hier.

DROMART

C'est *Napoléon* qui aurait dû nous laisser le plateau.

NAPOLÉON *(il se tourne vers Dromart avec beaucoup de dignité)*

Mon cher enfant, nous n'avons plus qu'une scène à tourner. Mais avec deux cents figurants, ce qui fait qu'on n'en sort pas! On l'a déjà tournée trente-deux fois.

LE MARÉCHAL NEY

Le metteur en scène russe, le pauvre, il en prend des crises de nerfs... Il est comme fou... Il a mordu l'accessoiriste.

Entre Charlet.

DROMART

Tu as vu le patron?

CHARLET

Je n'ai pas pu lui parler. Il était avec un homme de loi. Et après, il a fait entrer une espèce de poule qui vient lui faire de la musique pour une histoire d'affiches.

LE CANTINIER

Quelle poule?

CHARLET

La folle, tu sais? La maîtresse du marchand de meubles... Celle qui faisait du gringue à l'habilleuse?

DROMART

Je vois qui tu veux dire : c'est elle qui tirait des coups de revolver sur la porte des cabinets.

LE CANTINIER

Tu veux dire Rita Camélia. C'est une bonne fille, et moi je la connais bien. Elle fait du chiqué, mais elle n'est pas folle du tout, c'est la fille de la mère Carabin, qui était déjà dans le cinéma, puisqu'elle était au Saint-Cloud-Palace, où elle tenait les lavabos. Qu'est-ce que tu bois?

Dans le bureau de Meyerboom. La folle en question est assise dans un fauteuil.

MEYERBOOM

Ma chère amie, si on a coupé la moitié de votre rôle croyez bien que ça n'a pas été dans le but de vous faire de la peine. Mais le film était long, trop long... Et puis, il y a eu la censure... Et puis...

RITA CAMÉLIA

Et puis, je ne suis même pas sur l'affiche.

MEYERBOOM

Ah! Pardon, chère amie! Vous y êtes...

RITA

Est-ce que vous avez lu mon contrat?

MEYERBOOM

Je l'ai peut-être lu, puisque je l'ai signé.

RITA *(elle tire un papier de son sac)*

Voici la clause la plus importante : *Sur toute notre publicité, vous aurez la vedette américaine en lettres de la même grosseur que les lettres composant le nom de la première vedette. De plus, votre nom sera précédé des mots : « et avec ».* J'ai le regret de vous dire que mon nom est sur l'affiche en petits caractères, noyé dans un tas de comparses et de petits rôles, et il n'y a pas plus de : « *et avec* » que sur ma main.

MEYERBOOM *(faussement surpris)*

Ah?

RITA CAMÉLIA

Et à ma place, en vedette américaine, il y a : « *et avec* Mona Corso ». Oui, monsieur, oui. Une figurante, une petite femme ridicule. Qui dit quatre mots dans le film – et qui les dit mal. Une espèce de grue, courte de jambes, basse de fesses, qui marche avec les pieds en dedans, et qui a les seins à la taille.

MEYERBOOM

Comment? Elle a les seins qui tombent?

RITA

Oh! Ils pourraient très bien tomber, ils ne se feraient pas de mal. Ils ne tomberaient pas de haut :

ils sont à la hauteur de son nombril. De plus, elle a
un nom grotesque. *Mona Corso!* Par quel miracle, ce
nom de Mona Corso a-t-il remplacé le mien?

MEYERBOOM *(gêné)*

Simple inadvertance de la part du chef de publicité
ou de l'imprimeur.

RITA

Ecoutez-moi bien, mon cher Meyerboom. Dans ce
film, qui est-ce qui a apporté l'argent?

MEYERBOOM

C'est Galapiat, le grand Galapiat, le roi du Meu-
ble. C'est Galapiat qui nous a apporté un million...

RITA

Oui. Mais qui est-ce qui a apporté Galapiat?

MEYERBOOM

C'est sa voiture automobile.

RITA

Ne faites pas l'imbécile. Vous l'avez embrassé sur
la bouche, vous, Galapiat?

MEYERBOOM

Heureusement non.

RITA

Et moi, malheureusement oui. Ce million, c'est
moi seule qui vous l'ai fait verser – et ça n'a pas été
gratis, et vous le savez fort bien. Et l'auteur? C'est
vous qui avez eu des bontés pour l'auteur?

Tiens l'auteur aussi?

RITA

Eh oui, l'auteur aussi. Machin, quoi, le grand blond qui a une oreille plus grande que l'autre. Et le chef de publicité? Et le metteur en scène? Et le régisseur général? Et le chef du plateau? Et l'ingénieur du son? Qu'est-ce qu'il faut faire pour avoir son nom sur l'affiche? Avec qui c'est qu'il faut coucher?

MEYERBOOM

Peut-être avec l'imprimeur?

RITA

Où est-ce qu'il habite?

MEYERBOOM

Son adresse est sur les affiches. Mais cette fois-ci c'est trop tard.

Devant la grille des studios. — Il y a un énorme camion du son qui veut entrer. Il klaxonne. La porte s'ouvre à deux battants. Le camion s'avance. Irénée, qui était appuyé au mur derrière le mastodonte, entre en même temps que lui.

Dans un long couloir encombré de projecteurs, Irénée s'avance. Il consulte les écriteaux. Soudain, une sonnette éclatante retentit, et un avis s'allume : « Silence, on tourne. » Il file plus loin.

Dans un autre couloir, il y a un groupe de figurants, qui attendent en bâillant. Deux ou trois Romains, quatre ou cinq danseuses demi-nues. Irénée s'adresse à un Romain.

IRÉNÉE

Pardon, monsieur – pourriez-vous m'indiquer la direction?

LE ROMAIN

La direction de quoi?

IRÉNÉE

La direction de la Direction. C'est-à-dire M. Meyerboom.

LE ROMAIN

Au bout du couloir, à droite.

IRÉNÉE

Merci.

Il se faufile entre les danseuses, dont les tutus lui barrent le passage.

Dans le bureau de Meyerboom, la scène avec la dame continue.

RITA

Alors, vous n'allez pas refaire d'autres affiches?

MEYERBOOM

Ça serait trop cher, ma bonne amie.

RITA *(froide, mais menaçante)*

Il faudra pourtant les refaire, mon bon ami.

98

MEYERBOOM

Elles sont déjà parties pour toutes les régions de la France, ma bonne amie.

RITA

Eh bien, mon bon ami, il va falloir les faire revenir et les brûler toutes sous mes yeux.

MEYERBOOM

Vous êtes charmante.

RITA

Vous êtes bête. Si, dans cinq minutes, vous n'avez pas donné, devant moi, les ordres nécessaires, je vais faire un scandale ou un malheur.

MEYERBOOM

Quelle est la différence entre les deux?

RITA

Si je tirais un coup de revolver sur vous, par exemple, ce serait un grand malheur – pour vous. Si je faisais semblant de me suicider chez vous, ou si je me déshabillais brusquement en criant : « Au viol », ce serait un scandale. Vous voyez la nuance?

MEYERBOOM

Allons, allons, pas d'enfantillage.

RITA

Bien. Je vous donne cinq minutes.

Au coin du couloir qui conduit chez Meyerboom, il y a une main peinte sur le mur, et au-dessous : « Direction. » Irénée arrange sa cravate, assure sa raie au milieu, toussote, et s'avance.

Dans le bureau.

RITA

Alors?

MEYERBOOM

Alors quoi?

RITA

Les cinq minutes sont passées.

Elle a tiré un revolver de son sac, et d'une balle bien placée, elle fait tomber l'un des portraits de star qui décorent le mur.

MEYERBOOM *(effrayé)*

Mais enfin... Mais voyons...

RITA

Est-ce que vous avez compris?

A ce moment la porte s'ouvre et Irénée paraît.

IRÉNÉE *(souriant)*

Excusez-moi. Je ne serais pas entré si mon contrat n'avait pas prévu mon arrivée chez vous aujourd'hui avant quatre heures...

MEYERBOOM *(ravi)*

En effet... En effet! Je vous remercie de m'avoir fait l'honneur de votre visite – et d'être venu si promptement. Donnez-moi seulement une minute pour terminer une assez grosse affaire avec Madame – qui est une de nos plus grande artistes.

IRÉNÉE *(cérémonieux)*

Madame...

Elle le salue cérémonieusement.

MEYERBOOM

Attendez-moi une minute.

IRÉNÉE

Et même deux.

MEYERBOOM

Et ne vous éloignez pas de la porte, je vous prie.

IRÉNÉE

Bien... d'accord... Madame...

Il salue et sort.

MEYERBOOM *(brutal)*

Dis donc, toi...

RITA

Comment? Nous n'avons pas gardé les cochons ensemble, je suppose?

MEYERBOOM

Non. Quand tu les gardais, ce n'était pas avec moi. *(Elle veut protester, il la fait taire.)* Chut! Tu tires des coups de revolver dans les portraits, mais je pourrais te tirer trois paires de gifles dans le tien. Tu comprends? Bon. L'affaire de ton affiche, ce n'est pas moi! C'est Galapiat. C'est toi qui l'as amené, c'est vrai. Mais pendant le film, il s'est laissé embarquer par l'autre demoiselle, la Mona Corso et c'est l'autre qui t'a enterrée. Ne crie pas. Pour cette affaire-là, rien à changer. C'est loupé. Bon. Mais maintenant ce jeune homme qui attend dehors, c'est un jeune homme qui m'apporte des millions.

RITA

Lui?

MEYERBOOM

Lui. Je ne peux pas te dire son nom. J'ai promis. Je peux te dire seulement que c'est le fils d'un homme qui a des mines de charbon dans le Nord, et des hauts fourneaux. De plus, quatre immenses magasins à New York et deux à Londres, pas plus. Il est millionnaire en dollars.

RITA

Et qu'est-ce que tu vas faire avec lui?

MEYERBOOM

Cinq ou six films. Et de ceux-là, tu en seras. Tu as ma parole d'honneur. Seulement si tu fais du scandale, il aura une mauvaise impression, et il ne me donnera pas les millions... Tandis que si tu te tiens comme une grande dame, avec le chic que tu as naturellement, on ne sait pas ce qui peut arriver. Alors laisse-moi seul avec lui, et tu verras.

RITA

« Et avec », tu me le promets?

MEYERBOOM

Tu n'en auras peut-être pas besoin, si tu es en tête d'affiche. *(Il va à la porte, il l'ouvre, il appelle.)* Entrez, cher ami.

MEYERBOOM *(souriant)*

Asseyez-vous, cher ami, et permettez-moi de reconduire madame...

IRÉNÉE

C'est bien naturel, monsieur...

RITA *(très aimable)*

Monsieur, je ne sais pas votre nom – mais permettez-moi de vous dire que si j'avais un jour l'honneur de jouer un rôle dans un de vos films, je ferais de mon mieux.

MEYERBOOM

Et ce n'est pas peu dire!

IRÉNÉE

Madame, l'honneur serait pour moi.

RITA

Bonjour monsieur.

IRÉNÉE

Bonjour madame.

Ils se saluent, Meyerboom sort avec elle. Irénée se promène dans le bureau.

IRÉNÉE

Et voilà! Nous y sommes! Ce portier, quand même oui, au fond, il a raison. S'il laissait entrer tout le monde, nous ne pourrions plus travailler en paix...

Il s'assoit dans un fauteuil, pensif et joyeux. – Entre Meyerboom.

MEYERBOOM

Sauvé... Ah... Dites-moi, cher monsieur, qui êtes-vous?

IRÉNÉE

Moi?... Je suis le Schpountz.

MEYERBOOM *(inquiet)*

Vous êtes le... le...

IRÉNÉE

Le Schpountz. *(Confidentiel.)* Vous comprenez ce que je veux dire?

MEYERBOOM

Evidemment! Vous êtes certainement ce que vous dites. Je ne songe pas à le discuter, bien entendu. Et dans ces conditions, que puis-je faire pour vous être agréable?

IRÉNÉE

Ah! Pas grand-chose : exécuter mon contrat.

MEYERBOOM

Ah! Vous avez un contrat?

IRÉNÉE

Le voici.

Il tire son contrat de sa poche et le tend à Meyerboom qui le lit avec stupeur.

IRÉNÉE

Qu'est-ce que vous en dites?

MEYERBOOM

C'est évidemment très intéressant. Mille dollars par semaine, ce n'est pas mal.

IRÉNÉE

Pour commencer!

MEYERBOOM

Oui, naturellement. Pour commencer c'est évident.

IRÉNÉE

Parce que... après...

MEYERBOOM

Oui. Après! D'accord. Mais pour le moment. Qu'est-ce qui pourrait vous faire plaisir?

IRÉNÉE

Eh bien, monsieur, je viens d'abord vous demander à quel moment commenceront les prises de vues. Je suis obligé de vous dire que je refuse de tourner ce matin. Ça, je refuse absolument.

MEYERBOOM

D'accord avec vous.

IRÉNÉE

Je voudrais avoir le temps de lire mon texte, de choisir mes costumes. D'essayer mon maquillage. Je pense que vous me comprenez?

MEYERBOOM

Oh, parfaitement.

Meyerboom essaie de gagner la porte. Irénée lui barre le passage.

IRÉNÉE

Mais je désire commencer cet après-midi vers 4 h 30.

MEYERBOOM

Je le note.

IRÉNÉE

Je désire que mon texte me soit remis dans dix minutes.

MEYERBOOM

Je le note. Ça sera fait.

IRÉNÉE

De plus, comme je suis venu sans me munir d'une somme importante, je suis forcé de demander à la caisse une avance instantanée de 10 000 francs, avance prévue au contrat.

MEYERBOOM

Monsieur, vos désirs sont des ordres. Je vais immédiatement chercher l'argent en billets de banque.

IRÉNÉE *(il le retient)*

Je ne voudrais pas que vous me prissiez pour un homme d'argent. Mais enfin, un contrat est un contrat : nous n'avons qu'à l'exécuter : vous dans votre domaine, commercial, moi dans le mien, artistique.

106

MEYERBOOM

D'accord. Accordez-moi une minute.

IRÉNÉE *(important)*

Monsieur, cette minute, je vous l'accorde.

MEYERBOOM

Merci!

Il sort rapidement.

IRÉNÉE *(ravi)*

Ça commence bien!

*A la porte du studio. – Le portier tient toujours tête
à l'armée des figurants. Meyerboom arrive dans une
énorme voiture.*

MEYERBOOM

Adolphe!

LE PORTIER

Monsieur?

MEYERBOOM

Il y a un fou dans mon bureau.

LE PORTIER *(calme)*

Bien, m'sieur.

MEYERBOOM

Faites-le sortir par deux machinistes.

LE PORTIER

Bien m'sieur.

Il décroche son téléphone et forme un numéro.

MEYERBOOM

Je me demande à quoi vous servez si vous laissez entrer les fous.

LE PORTIER

Ma foi, m'sieur, il y a tellement de fous dans la maison, qu'on finit par ne plus savoir ceux qu'il faut laisser entrer et ceux qu'il ne faut pas. Comment il est celui-là?

MEYERBOOM

Un grand avec une longue tête, il dit qu'il a un contrat pour le Schpountz.

LE PORTIER

Je l'ai balancé tout à l'heure. Il a dû passer par-derrière. *(Il décroche l'appareil.)* Allô! C'est toi, Edouard? Il y a un fou dans le bureau du patron. Faudrait voir à le sortir.

MEYERBOOM

Gentiment.

LE PORTIER

Oui, gentiment, deux ou trois marrons si c'est nécessaire, mais pas plus.

La grande voiture sort.

Dans le bureau de Meyerboom. – Il y a déjà quatre robustes machinistes qui entourent le fauteuil d'Iré-née.

108

1ᵉʳ MACHINISTE

C'est pour avoir l'honneur de vous dire que le patron ne peut pas vous recevoir.

IRÉNÉE *(étonné)*

Comment, il ne peut pas? Mais il vient de me recevoir!

2ᵉ MACHINISTE

Eh ben, alors, la réception est finie.

IRÉNÉE

Finie? Oh! Il y a quelque méprise! Je crois, bonnes gens, que vous vous abusez!

1ᵉʳ MACHINISTE

Nous, on s'amuse pas; on fait notre boulot. Alors vous sortez en marchant comme une personne naturelle ou bien c'est-il qu'il faut qu'on vous aide?

IRÉNÉE *(calme)*

Messieurs, si vous tenez à votre pain, prenez garde. C'est votre situation que vous êtes en train de jouer. Pour moi, je ne bougerai pas de cc fauteuil.

1ᵉʳ MACHINISTE

Alors, c'est le fauteuil qui va bouger.

Ils prennent le fauteuil à trois, et le sortent du bureau en riant. Irénée, impassible, les laisse faire. Les voici dans un grand couloir. Irénée a l'air d'un triomphateur.

1ᵉʳ MACHINISTE

Ça va, Edouard?

ÉDOUARD

Ça va.

IRÉNÉE *(débonnaire)*

Edouard, vous commettez une grave bévue.

ÉDOUARD

Vas-y, mon pote, cause toujours.

IRÉNÉE

Et l'autre futur révoqué comment s'appelle-t-il?

1er MACHINISTE

Moi? C'est le gros Lucien.

IRÉNÉE

Edouard et le gros Lucien s'en iront peut-être au chômage, mais ce sera bien de leur faute... Et avant d'accepter un rôle dans le plus odieux des complots, ils n'avaient qu'à réfléchir! Réfléchissez!

ÉDOUARD

On fait que ça. Allez, les enfants, un petit galop!

Ils partent, en effet, au petit galop. Soudain paraît Françoise qui marche d'un pas rapide avec ses cahiers sous le bras. Elle voit Irénée. Elle s'arrête net.

FRANÇOISE

Où le portez-vous?

1er MACHINISTE

Dans la rue, ordre du patron.

FRANÇOISE *(à Irénée)*

Je pense que vous avez compris?

IRÉNÉE

Fort bien, madame. Mieux que vous ne le pensez.

FRANÇOISE *(aux machinistes)*

Ne lui faites pas de mal.

IRÉNÉE *(amer)*

Oh non, ne me faites pas de mal. Madame veut bien monter une cabale contre moi, mais elle ne veut pas qu'on me tue! Ça serait une trop grosse responsabilité! A tout à l'heure, madame.

ÉDOUARD

Allons, Lucien! Encore un effort!

Ils s'en vont au galop. Irénée se cramponne aux bras du fauteuil, et nous arrivons dans la cour. Il y a là un grand nombre de figurants, qui suivent le fauteuil volant en poussant des cris divers. Irénée demeure impassible et serein. Le portier géant, qui voit arriver le cortège, ouvre le grand portail à deux battants, et fait le salut militaire. Les machinistes font basculer le fauteuil, et vident Irénée sur le trottoir. Le portail se referme sur lui.

Autour d'Irénée, il y a la foule amusée des solliciteurs refoulés. Irénée se relève avec une grande dignité. Il tapote son pantalon, rajuste sa cravate, et regarde ceux qui l'environnent avec beaucoup d'aisance et d'autorité.

IRÉNÉE *(souriant et sarcastique)*

Je voudrais voir la tête du directeur quand il ne me retrouvera plus dans son bureau! Ça, je voudrais le voir!

UN FIGURANT *(ironique)*

Oui, on voudrait le voir!

IRÉNÉE

Quant aux deux misérables, aux deux déménageurs de Schpountz qui ont prêté la main au complot, ceux-là, je ne leur pardonne pas... Devant la direction, je mettrai mon contrat dans la balance, et je dirai : « Eux ou moi! » Choisissez! Ce sera vite choisi, croyez-moi.

UN FIGURANT

Croyez-le.

A la cantine, toute la petite équipe est rassemblée. Françoise est venue les rejoindre, et elle parle avec animation.

FRANÇOISE

Mais puisque je te dis que je l'ai vu!

DROMART *(calme)*

Mais puisqu'on te dit que ça ne prend pas du tout!

FRANÇOISE

Bon. Tiens, demande à Adolphe!

Le portier géant vient en effet d'entrer.

CHARLET

Quoi de neuf?

ADOLPHE *(souriant, mais plein de reproches)*

Quand même vous allez un peu fort, vous autres!

112

Vous avez encore signé un contrat à un fondu!

ASTRUC

Tu l'as vu?

ADOLPHE

Tu penses si je l'ai vu. Et puis j'ai peur de le voir longtemps. Il est tapé, il est venu de Marseille ici : il va venir habiter sur ma porte, il finira par me tirer des coups de revolver...

FRANÇOISE

Oh, celui-là, je ne crois pas.

ADOLPHE *(pensif)*

Je me demande ce que vous avez dans le crâne, de lui avoir laissé prendre le train. Il me semble qu'il y a assez de fondus dans le département de la Seine sans faire venir ceux des Bouches-du-Rhône. Parce qu'alors vous n'avez pas fini!

Irénée, silencieux, et digne, se promène sur le trottoir, devant la porte des studios. Il ne daigne pas voir les figurants, rangés le long du mur, qui le regardent en riant. Soudain la petite porte s'ouvre, et Astruc paraît.

ASTRUC *(étonné)*

Le Schpountz!

IRÉNÉE *(ravi)*

Ah! Voici la fin de l'incident! Bonjour cher ami.

ASTRUC

Eh bien, cher ami, que se passe-t-il?

IRÉNÉE

Êtes-vous au courant du malentendu?

ASTRUC

Du tout.

IRÉNÉE

Ce matin, le portier m'a interdit l'entrée des studios. Cela m'a paru louche.

ASTRUC

Et ça l'était.

IRÉNÉE

J'ai donc attendu l'occasion. Et j'ai réussi à me faufiler subrepticement à la faveur d'un camion.

ASTRUC

Excellent début. Début d'un débrouillard.

IRÉNÉE

Je ne suis pas né d'hier. J'ai trouvé le bureau du directeur. J'y suis entré.

ASTRUC

Ah? Et vous l'avez vu?

IRÉNÉE

Il m'a reçu à bras ouverts. Il m'attendait.

ASTRUC

Il vous l'a dit?

IRÉNÉE

Il me l'a dit. Je lui ai fait part de mes accords avec les administrateurs.

ASTRUC

C'est normal. Et quelle fut sa réaction?

IRÉNÉE

Enchanté. Il était enchanté. Il est allé à la caisse me chercher un acompte de dix mille francs. Ce n'était pas exagéré?

ASTRUC

Oh! Pas du tout.

IRÉNÉE

Et quelques minutes plus tard, j'ai vu entrer trois escogriffes qui m'ont littéralement jeté dehors. Ils m'ont transporté sur un fauteuil, dans la rue. Qu'en pensez-vous?

ASTRUC

Cette action inopinée me paraît être le résultat d'un malentendu.

IRÉNÉE

D'un malentendu, ou d'une cabale?

ASTRUC

Oui, oui, il pourrait y avoir une cabale.

IRÉNÉE

Sans cabale, c'est inexplicable! D'ailleurs je sais d'où vient le coup.

ASTRUC

C'est déjà beaucoup. Et d'où vient-il?

IRÉNÉE

De cette femme... Cette femme qui a le nez pointu

et qui écrit sur des feuilles de papier. Cette femme sensuelle, qui veut empêcher ma réussite.

ASTRUC

Françoise? Pourquoi?

Irénée hésite un instant, puis, brusquement, il se décide.

IRÉNÉE

Elle me traite d'une façon si abominable que j'ai le droit de tout vous dire. J'ai repoussé ses avances.

ASTRUC *(intrigué)*

Quand?

IRÉNÉE

Avant-hier. Elle m'a donné un rendez-vous secret. Oui, monsieur, secret, puisqu'elle avait recommandé à mon frère de n'en parler à personne. J'y suis allé. J'ai été maladroit. Alors, vexée, elle m'a dit que mon contrat n'était qu'une plaisanterie, et que je ferais mieux de rester chez moi.

ASTRUC *(très gentiment)*

Et si je vous disais, moi aussi, que ce contrat n'est pas très sérieux, et qu'il y a un train commode, à 8 h 36, pour retourner chez vous?

IRÉNÉE *(subitement furieux)*

Je dirais que c'est elle qui vous a monté le coup et que vous êtes un autre Judas. Ah! tout le monde est contre moi? On veut me barrer la route? Les barrages, je les enfoncerai. Et malheur aux hypocrites, aux bandits, aux faux frères! Je les briserai comme du verre... Comment! A moi...

116

ASTRUC

Calmez-vous, cher ami, calmez-vous. Je vous ai dit cela en plaisantant. Bêtement, je le reconnais. Mais ce n'était qu'une plaisanterie.

IRÉNÉE

De mauvais goût. De mauvais goût. Alors? Pour moi ou contre moi?

ASTRUC

Pour vous.

IRÉNÉE

Bon. Si vous m'aidez aujourd'hui, je vous aiderai plus tard.

ASTRUC

Monsieur, vous êtes trop bon.

IRÉNÉE

Ne me remerciez pas! Ecoutez : personne ne peut rien contre moi, si seulement j'arrive à rester en contact avec la direction. J'ai actuellement perdu contact : c'est un fait. Avez-vous assez de crédit auprès de ce portier géant pour me faire pénétrer dans la place?

ASTRUC

Le portier géant fait peut-être partie de la cabale.

IRÉNÉE *(illuminé)*

Tout s'explique! Alors, comment faire?

Astruc tire de sa poche plusieurs feuilles de papier qu'il déplie.

ASTRUC

Voilà, prenez ces papiers. Ce sont des feuilles de prises de vues. Vous allez faire le tour des studios et vous entrerez par la porte du personnel.

IRÉNÉE

Il n'y a pas de concierge?

ASTRUC

Si.

IRÉNÉE

Géant?

ASTRUC

Non. Vous passerez devant lui avec assurance et vous direz : « Laboratoire. »

IRÉNÉE

Laboratoire?

ASTRUC

Laboratoire. S'il vous dit : « Pourquoi? » Vous direz : « Astruc ». Astruc c'est moi.

IRÉNÉE

Bien. Laboratoire. Astruc. Bien. Merci, Astruc.

Irénée s'en va dans la direction indiquée par Astruc. Il sourit avec une admirable confiance. Cependant Astruc est retourné à la cantine, où il interroge Françoise.

ASTRUC

Est-il exact que tu l'as averti au cours d'une entrevue secrète?

FRANÇOISE

Oh, pas secrète du tout! Je lui ai parlé à la terrasse de l'hôtel.

ASTRUC

Cette entrevue était secrète, puisque tu n'en as parlé à personne.

FRANÇOISE

Je ne suis pas forcée de te dire tout ce que je fais.

DROMART

D'accord. Mais enfin, tu nous fais de drôles de cachotteries.

ASTRUC

Mais le Schpountz, lui, il n'en fait pas. Il m'a raconté que tu voulais ruiner sa carrière parce qu'il a refusé de coucher avec toi.

CHARLET *(à Françoise)*

Tiens? Tu lui as proposé la botte?

Françoise hausse les épaules.

ASTRUC

Il le croit. Et puis, il m'a dit que tous ceux qui voudraient lui barrer la route seraient brisés comme du verre. Il a été si bête et si prétentieux que je lui ai donné le tuyau pour entrer ici – et on va lui offrir la leçon qu'il mérite.

LE CANTINIER

Vous n'allez pas le passer à tabac?

Non, mais on va se foutre de lui jusqu'à ce qu'il comprenne.

La porte s'ouvre. Un metteur en scène entre. Il a, naturellement, un pull-over invraisemblable, des pantalons de cheval, une chaîne d'or au poignet. Il s'élance vers Napoléon.

LE METTEUR EN SCÈNE

Moussiou Napoglione, sta vous, Napoglione...

Napoléon lève vers lui un regard noble et sévère.

NAPOLÉON

Etes-vous prêt? Je veux dire prêt?

LE METTEUR EN SCÈNE

Nous sont prêts perfectamente. Ah questi figuranti! Ma bien répété, bien coumifo. Trenseptième fois! Et l'arzant, Dio bone, il s'en va, et le film il ne finit pas!

NAPOLÉON

Je vous préviens que mon contrat finit ce soir. A partir de demain, vingt mille francs par jour de plus.

LE METTEUR EN SCÈNE

Ma jé fini ce soir! Si questa volta n'a pas rioussi yé tiré des coups de ribolvère comme ouna mitraillousa! Et zé me coupé la garganté con el rasoir del maquillor! Véné; moussiou Napoglione calmé toi, véné. Sara souperbe, sara souperbe... véné...

Il l'entraîne, il l'embrasse, le fait sortir. Sur la

porte, au moment de sortir lui-même, il s'incline et dit
très poliment :

Scusate mi!

ASTRUC

Qu'est-ce que c'est que ce gars-là?

CHARLET

Bogidar Glazounow. C'est un Allemand ou un Turc... Enfin, il a pris un nom russe, et il parle avec l'accent italien; ça lui a permis de devenir un grand metteur en scène français...

DROMART

Il a du talent?

CHARLET

Penses-tu! Et puis qu'est-ce qu'il en ferait? En tout cas, il a voulu faire une grande scène, et il n'arrive pas à s'en sortir.

ASTRUC *(brusquement)*

Si on lui envoyait le Schpountz? Hein? On le maquille, on l'habille en général, et on le fait entrer sur le plateau au milieu de la scène? Hein?

MARTELETTE

Y aurait du pétard.

CHARLET

Et un feu d'artifice de coups de pied dans les fesses!

NICK

Et le Glazounow, qu'est-ce qu'il va chanter!

ASTRUC

Ça serait très intéressant parce que dans l'enthousiasme de sa colère, on va peut-être savoir quelle est sa langue maternelle!

FRANÇOISE

En tout cas, moi, je n'en suis pas.

Entre le Schpountz. Françoise se lève et va s'asseoir à une autre table. Irénée s'avance vers la table d'Astruc.

IRÉNÉE *(souriant)*

Bonjour messieurs! Notre ami vous a dit?

DROMART

Oui, il nous a dit.

IRÉNÉE

Il vous a dit quelles difficultés m'ont été suscitées par une influence secrète et subtile?... Une cabale, pour tout dire...

MARTELETTE

Oh ça, c'est naturel.

IRÉNÉE *(il regarde du côté de Françoise)*

Je constate d'ailleurs que, dès mon entrée, la cabale a été forcée de s'éloigner... Enfin grâce à lui *(il montre Astruc),* me voici dans la place...

ASTRUC

Nous en sommes ravis, car il y avait urgence!

IRÉNÉE

Je dois reconnaître cependant que la cabale m'a

fait subir une grande humiliation : je viens d'entrer et sous un faux prétexte, par la petite porte.

DROMART *(ironique)*

Il y a commencement à tout...

CHARLET

Ça fait un début romanesque...

IRÉNÉE

Dans un sens, oui. Mais je tiens à vous dire une chose, et je désire que tout le monde en fasse son profit : je suis entré par la petite porte, mais je sortirai par la grande!

ASTRUC

Ça, mon cher, je vous en réponds!

DROMART

Et plus tôt que vous ne pensez!

IRÉNÉE

Et il y aura peut-être des pleurs et des grincements dc dents!

CHARLET

C'est probable!

DROMART

Et peut-être des coups de pied au derrière!

IRÉNÉE

Non, monsieur, non. Pas à une... *(il allait dire : « dame », puis il se ravise)* pas à une cabale. Passons à l'action. Alors?

ASTRUC

Je viens de voir M. Meyerboom. Il est extrêmement intéressé par votre arrivée.

IRÉNÉE

Je sais. Il me l'a dit. Où sont mes dix mille
francs?

CHARLET *(interrogatif)*

Eh oui, ça compte, ça. Où sont-ils ses dix mille
francs?

ASTRUC

Meyerboom a donné le chèque à la secrétaire qui
va venir vous l'apporter. Mais il faudra faire tout de
suite un bout d'essai.

IRÉNÉE

Dois-je accepter?

DROMART

Oui, cher ami, vous devez absolument.

LÉON

Dans votre intérêt même.

IRÉNÉE

Bien. Et ça consiste en quoi?

ASTRUC

Vous allez jouer une courte scène dans un grand
film historique que l'on tourne en ce moment.

IRÉNÉE

Quand?

ASTRUC

Tout de suite.

CHARLET

Le rôle est d'ailleurs sans importance, et l'expérience n'a qu'une valeur documentaire.

IRÉNÉE

Y a-t-il du texte?

ASTRUC

Il n'est pas très long mais il est fort beau. Monsieur Dromart, veuillez vous occuper du texte de monsieur. Allez le demander à l'assistant de M. Worontzeff. Et vous, venez chez le maquilleur. Passez, je vous prie, mon cher Schpountz...

IRÉNÉE

Chut!

Il passe.

DROMART

On va lui faire un texte qui convienne à la situation.

CHARLET

Oh, tu sais, t'as pas besoin de le faire long, parce qu'il aura pas le temps de dire deux lignes...

LÉON

Moi je veux aller voir ça, hein? Tu viens, toi aussi?

FRANÇOISE

Moi, non, je trouve cruel de se moquer d'un imbécile!

DROMART

Et de qui veux-tu qu'on se moque? de Pasteur ou de Branly? Non, moi je n'ai pas mauvais cœur, mais je n'ai pas de pitié pour les imbéciles. D'abord, ils sont trop.

CHARLET

Et puis, parce qu'ils sont bêtes, on croit toujours qu'ils sont gentils. Eh bien, c'est pas vrai du tout. Il y a des couillons qui sont méchants.

MARTELETTE

Et puis celui-là, ce qu'on va lui faire, c'est dans son intérêt.

CHARLET

Parfaitement. Dans son intérêt bien compris.

La loge du maquilleur. – Irénée est assis dans le fauteuil du maquillage.

ASTRUC

Vous comprenez, ce n'est qu'un essai. C'est pour vous classer, vous expertiser... La voix, la démarche, l'assurance, l'autorité. Ce sera pour vous-même une précieuse leçon.

IRÉNÉE

Oui, sans aucun doute.. Mais ce qui m'inquiète c'est le maquillage dont vous parlez...

126

Mon cher, le rôle est très petit, il n'a que deux lignes et demie. Comme vous êtes destiné, plus tard, à jouer de grands rôles, il vaut mieux que l'on ne vous reconnaisse pas.

IRÉNÉE

Ah! Très bien! Très bien! Et puis, vous connaissez mieux que moi la tactique et la stratégie du lancement des vedettes.

Irénée se tourne vers le maquilleur, et avec beaucoup de décision il dit : « Allons-y. »
Le maquilleur commence à le raser.
Un fondu enchaîné nous permet d'escamoter une demi-heure : Irénée est prêt. Il est habillé en général du Premier Empire, on lui a collé une forte moustache blanche et des pattes qui descendent jusqu'au bas de son visage. Pendant qu'Astruc accroche une énorme épée au ceinturon doré du général, le maquilleur le regarde à travers son œilleton : il contient à grand-peine une forte envie de rire, et dit gravement : « Ça, c'est quelque chose! »
Et c'est quelque chose, en effet; quelque chose de grotesque. Irénée regarde son image dans le miroir. Il paraît inquiet.

IRÉNÉE

Je me demande, je me demande, si ce maquillage ne m'a pas enlevé de mon expression...

LE MAQUILLEUR

Oh, pas du tout! Tout le contraire.

IRÉNÉE

Moi, franchement, je ne me reconnais pas.

ASTRUC

Et l'œil, alors, qu'en faites-vous? L'œil, le regard! Tout est dans l'œil!

IRÉNÉE

Oui, c'est vrai, ça. Tout est dans l'œil. Enfin, vous me promettez que mon nom ne sera pas sur l'affiche?

ASTRUC

Oh ça, aucun danger!

IRÉNÉE

Parce que... Je ne sais pas si je serai bon, vous comprenez... Je ne sais pas très bien comment ça va tourner...

ASTRUC

Nous, on le sait très bien. Vous allez faire une entrée sensationnelle, et une sortie éclatante! Allons-y.

Irénée suit Astruc. Dans le couloir, voici Dromart qui apporte une feuille de papier pliée en quatre. Il la remet à Irénée.

DROMART

Voici votre texte.

IRÉNÉE

Bien.

Il déplie le papier, et le lit tout en marchant. Le long des couloirs, on rencontre une foule de gens sortis on ne sait d'où, et qui sont au courant de la plaisanterie. Il y a des danseuses, des soldats romains, des électri-

ciens en cotte bleue. Il y a même le cantinier et la petite plongeuse des cuisines. Tout ce monde suit le pauvre général, qui s'avance, un peu ému, mais avec un sourire plein de fierté. Nous arrivons au milieu d'un très long couloir, devant la porte fermée d'un studio.

On entend un grand remue-ménage à l'intérieur. La grande prise de vues se prépare. Enfin, le silence se fait, et la voix du metteur en scène s'élève.

LA VOIX DU METTEUR EN SCÈNE

Cette scène il est très bo, il est plein de caractère, il est lè plous beau plan du film. Tout le monde est en place? Bon. La loumière!

On entend le cliquetis des branchements électriques. La lampe rouge s'allume sur la porte. La voix d'un régisseur hurle : « Silence partout! »

Dans le couloir, le groupe est immobile et silencieux. Irénée, tout près de la porte, est prêt à faire son entrée. Astruc lui parle à voix basse.

ASTRUC

Ça va y êtrc. Vous avez votre texte?

IRÉNÉE

Oui.

DROMART

Dites-le une fois, à voix basse.

IRÉNÉE

Hum. « Sire, c'est au nom de la grande armée, en souvenir de Waterloo, et en prévision de Sainte-Hélène, que je viens vous dire adieu, ou plutôt A Dieu. » Et là-dessus je tombe à genoux.

ASTRUC

C'est ça.

IRÉNÉE

Et j'entre en courant, comme si je descendais de cheval?

DROMART

C'est ça.

IRÉNÉE

Et si Napoléon parle, je le coupe?

CHARLET

D'autorité. D'autorité.

IRÉNÉE

Comptez sur moi.

A l'intérieur du studio, on entend crier : « Moteur », puis « Ça tourne ». Puis les tambours battent « Aux champs ». Enfin une voix s'élève, c'est celle de l'Empereur.

ASTRUC

C'est à vous.

L'EMPEREUR

Adieu, mes enfants!

Astruc ouvre la porte. Irénée entre. Une seconde s'écoule, l'Empereur parle toujours. Puis on entend la voix d'Irénée qui attaque sa tirade. Enfin, la voix du metteur en scène s'élève, suraiguë. Il hurle : « C'est un fou! Tuez le fou! Tuez le fou! »
Il y a une clameur dans le studio : Astruc, Dromart

et les complices s'enfuient au pas de course. La porte du studio s'ouvre. Irénée en sort, il est blême, il est affolé.

Quelques grenadiers le poursuivent. Il détale, suivi par une meute de figurants, qui, au fond, rigolent de tout cœur.

Maintenant nous suivons Irénée qui s'enfuit le long des couloirs interminables. On entend le galop de ses poursuivants. Il se réfugie enfin dans le magasin d'accessoires et se cache derrière des meubles. Devant la porte, les poursuivants s'arrêtent une seconde et se concertent.

1er FIGURANT

Il s'est caché dans les accessoires...

Un figurant veut s'élancer.

Non, n'y va pas. Après tout, c'est un pauvre bougre comme toi, et grâce à lui, on va faire un cachet de plus.

2e FIGURANT

T'as raison, mon pote... faisons semblant qu'il est ailleurs... Allez les gars, il a tourné le coin... En vitesse!

Tout le groupe disparaît au coin du long couloir.

Devant la porte de la cantine.

CHARLET

Eh ben, mon vieux, s'il n'a pas compris cette fois-ci!

ASTRUC *(à Françoise)*

Rassure-toi : il n'est pas blessé. Il a cavalé comme un lapin.

FRANÇOISE

Et où est-il?

Les deux figurants arrivent joyeux. Le premier figurant s'approche de Françoise.

1er FIGURANT *(à voix basse)*

Il s'est planqué dans les accessoires. On a fait semblant de ne pas le voir.

Le magasin des accessoires est un immense bric-à-brac. Il y a des colonnades en stuc, des armures du Moyen Age, une collection de mousquets, deux canons en bois, l'avant d'un bateau, et mille objets hétéroclites, blanchis aux feux des projecteurs. Et puis il y a Irénée. Il pleure, tout simplement appuyé contre un mur. Il entend passer, dans le couloir, le galop de ceux qui le recherchent. Soudain, la porte s'ouvre. Voici Astruc, Charlet, Dromart, Françoise, le maquilleur, Cousine. Ils sont un peu gênés. Astruc s'approche du général désespéré, qui a caché son visage sur son bras replié.

ASTRUC *(hésitant)*

Dites donc, mon vieux... hum... Ils ne vous ont pas frappé?... Hum... Il ne faut pas prendre la chose comme ça! Dites donc... Ce n'est pas tragique.

CHARLET

C'est une simple farce...

COUSINE

Une blague entre camarades... Hein? On n'a pas voulu vous faire de la peine.

DROMART

Ce n'est qu'une petite leçon amicale.

ROUSSIN

Qu'il faut accepter joyeusement.

CHARLET

Dites donc... Irénée...

FRANÇOISE

Allez lui chercher son costume. Irénée, écoutez-moi.

Irénée se tourne brusquement vers eux et éclate de rire.

DROMART

Ça y est, il devient fou...

Irénée rit toujours d'un rire forcé.

IRÉNÉE

Tout de même, avouez que je vous ai bien eus.

ASTRUC *(interloqué)*

Ça c'est vrai. Moi j'ai cru qu'il pleurait.

IRÉNÉE

Moi? Et pourquoi? Parce que je vous ai fait une blague?

CHARLET

Ah bon! C'est vous qui nous avez fait une blague?

MARTELETTE

Quelle blague?

IRÉNÉE

Vous n'avez pas encore compris? Vous ne comprenez rien, alors?

FRANÇOISE

Que faut-il comprendre?

IRÉNÉE

Que dans cette affaire, c'est vous les schpountz...
Parce que moi, je n'ai pas marché une seconde!
D'ailleurs, toute l'histoire était trop bêtement mon-
tée! Est-ce que vous avez cru que vraiment j'avais
envie de faire du cinéma?

ASTRUC

On ne l'a pas tout à fait cru, mais enfin, vous le
disiez.

IRÉNÉE

Et savez-vous pourquoi je l'ai dit? Parce que
quand j'ai vu que j'avais affaire à une bande d'imbéciles et de sans cœur, je me suis amusé d'eux.

ROUSSIN

Ce n'est pas charitable de votre part.

IRÉNÉE *(avec violence)*

Et pourquoi voudriez-vous que je sois charitable?
Est-ce que vous en connaissez vous, des personnes

charitables? Faites-m'en voir une ici? Si vous rencontrez un jour un imbécile, un schpountz, est-ce que vous n'essaierez pas de vous amuser de lui? Seulement pour que ça réussisse, il faudrait que ça soit fait plus adroitement, et avec plus d'esprit. Heureusement, vous êtes tombés sur moi, et c'est moi qui vous ai mis en boîte!

FRANÇOISE

Vous avez très bien fait. Et vous voyez, nous ne prenons pas la chose du mauvais côté.

ROUSSIN

Nous ne sommes pas vexés du tout!

CHARLET

Pas le moins du monde. Au contraire.

COUSINE

Moi, je vous trouve très spirituel.

ASTRUC

Pour ça, oui. C'est même élégant.

IRÉNÉE

Mais vous, ce que vous avez essayé de faire, ce n'était pas très élégant. Surtout vous, là, vous le faux Américain! Et si j'étais un pauvre type? Si je n'avais plus un sou en poche? Hein? Qu'est-ce que vous feriez?

ROUSSIN

On vous inviterait à déjeuner.

FRANÇOISE

Et puis, on vous paierait votre billet de retour...

IRÉNÉE

Oh merci, non, ce n'est pas la peine.

ASTRUC

Et d'ailleurs pour pousser la plaisanterie jusqu'au bout, c'est ce que nous devrions faire... Vous, vous feriez semblant de n'avoir pas compris, et nous, pour nous faire payer notre naïveté, on serait à l'amende d'un billet de chemin de fer. C'est juste et c'est logique.

CHARLET

On vous le demande comme un service. Parce que quand nos camarades vont savoir que vous vous êtes moqué de nous, nous allons être ridicules.

IRÉNÉE

Tant pis pour vous.

COUSINE *(tendre)*

Pauvre chou, va... Moi, ça me plaît, cette force de caractère...

IRÉNÉE

C'est moi que vous appelez pauvre chou, dites, pauvre photographe! Ecoutez-moi bien, vous tous tant que vous êtes : je suis riche, moi. Je suis dans les affaires depuis plus de dix ans. Mon père m'a laissé un héritage considérable! Et je puis vivre sans rien faire. J'ai des bureaux à Marseille, à Lyon et à Paris. Quand je vous ai rencontrés, j'étais venu en passant dire bonjour à mon oncle, qui tient une petite épicerie. Il m'avait écrit que ses affaires n'allaient pas et je suis allé le commanditer. Oui, parce que j'ai bon cœur, moi, je ne me moque pas des imbéciles. Et comme ensuite, mes occupations m'appelaient à

Paris, je suis venu ici pour voir, tout simplement, jusqu'où vous pousseriez la cruauté : j'ai vu, je suis fixé! Mais des billets de chemin de fer, je puis vous en payer à tous, et à tous les schpountz de l'univers!

CHARLET

Ça serait une bonne affaire pour les compagnies de chemin de fer.

Irénée passe son pantalon que le maquilleur vient d'apporter. A ce moment arrive le portier géant.

LE PORTIER

Messieurs, le patron désire vous parler immédiatement. Il vous attend dans son bureau.

ASTRUC

M. Meyerboom?

LE PORTIER

Probablement. Et puis alors, il y a un grave malheur, là-bas... Il y a le metteur en scène russe qui crie d'une force terrible!

CHARLET

Mais on s'en fout, nous, de ce Russe, ça ne nous regarde pas!

LE PORTIER

Oh, que si! Oh oui, que ça nous regarde! Moi je vous le dis entre nous : ça va mal! M. Meyerboom demande d'urgence : MM. Astruc, Dromart, Charlet, Cousine, Martelette, Roussin, et le chef accessoiriste. D'après ce que j'ai cru comprendre, il s'imagine que c'est vous qui vous êtes foutus de monsieur.

Au croisement de deux couloirs, il y a Meyerboom, le metteur en scène, et Napoléon. Le metteur en scène est effondré dans un fauteuil. Il sue à grosses gouttes, et mange des feuilles de papier. Napoléon est tremblant de colère, mais ne perd pas sa dignité.

NAPOLÉON

Parfaitement. C'est un idiot qu'ils ont amené de Marseille. Je n'admets pas que l'on fasse entrer un idiot sur un plateau où je suis déjà.

MEYERBOOM

Je vous comprends, cher Maître, je vous comprends...

LE METTEUR EN SCÈNE

Et moi j'ai les nerfs touchés, désaccordés, je ne pouis plus... Oh non, je né pouis plus...

MEYERBOOM *(insinuant et affectueux)*

Et vous ne croyez pas qu'un petit whisky à la cantine? Hein? En somme, vous pouvez retourner ça cet après-midi? Alors, deux ou trois petits whiskies? Non?

LE METTEUR EN SCÈNE *(dolent)*

Zé vé essayer...

MEYERBOOM *(à Napoléon)*

Et moi, je les ai fait appeler pour prendre des sanctions nécessaires. Ne craignez rien...

Nous revenons au magasin des accessoires. Toute la petite équipe est autour d'Irénée. Le portier géant insiste.

LE PORTIER

Messieurs, le patron vous attend!

CHARLET

On y va. *(A Dromart.)* Mon vieux, il va nous passer un savon.

ASTRUC

Oh! Pour ça?

DROMART

Il va gueuler. Et dans son bureau, c'est embêtant parce que ce n'est pas très bon pour le son.

L'ACCESSOIRISTE

On lui dit la vérité?

COUSINE

Eh bien, naturellement! Dis donc, tu nous prends pour qui? On a assez de vices comme ça sans être menteurs par-dessus le marché.

Ils s'en vont. Cousine revient vers Françoise.

Françoise, occupe-toi de lui. On vous retrouve après la bagarre.

Françoise et Irénée restent seuls. Elle s'approche de lui.

FRANÇOISE

Vous avez compris, maintenant?

IRÉNÉE *(il s'efforce de rire et de prendre
un air supérieur)*

Moi? Mais j'avais compris le premier jour! *(Brusquement.)* Mademoiselle, permettez-moi de vous quitter. Il est onze heures vingt-cinq. J'ai tout juste le temps de passer à mon conseil d'administration.

FRANÇOISE

Irénée! Ne dites pas de bêtises. Ça ne sert à rien. Combien avez-vous en poche?

IRÉNÉE *(avec une grande assurance)*

Moi? *(Il rit, il la regarde de très haut. Puis brusquement sa physionomie change, et à voix basse, il dit :)* Moi? J'ai un franc cinquante.

FRANÇOISE

Et qu'allez-vous faire?

IRÉNÉE

N'importe quoi. Ou même, rien du tout. Je ne pense à rien. Je ne sais plus où je suis.

FRANÇOISE

Vous êtes au studio, et ce soir vous aurez votre billet, pour rentrer chez vous.

IRÉNÉE

Encore un billet! On ne parle que de billets de chemin de fer, comme si c'était le remède à tout! Est-ce que ça me guérira d'être un imbécile? S'il n'y avait qu'à prendre le chemin de fer ça serait trop beau!

FRANÇOISE

Je vous avais prévenu.

IRÉNÉE

C'est le plus terrible. J'aurais dû comprendre. Je n'ai pas compris.

FRANÇOISE

Parce que vous êtes... pur... Vous êtes...

IRÉNÉE

Couillon...

FRANÇOISE

Non pas du tout. Vous aviez une confiance qui vous aveuglait.

IRÉNÉE

Une confiance en qui? En moi. C'est-à-dire que je m'admirais. Il n'y avait vraiment pas de quoi. Et non seulement je m'admirais, mais je méprisais les autres. C'était la conséquence logique de l'admiration que j'avais pour moi. Et du haut de mon piédestal, les autres me semblaient petits, petits, mesquins, stupides... *(Il s'assoit, il pose son menton dans sa main, il regarde devant lui, sans rien voir.)* C'est affreux.

FRANÇOISE

Allez, pour une déception de ce genre, n'allez pas vous imaginer...

IRÉNÉE *(très calme)*

Oh! Je ne m'imagine plus rien. Et je ne prends même pas ma petite histoire au tragique. Les malheurs d'un imbécile ne font pleurer personne, pas même lui. Ce que je regrette surtout, c'est ma conduite dans le passé. Ainsi, tenez, mon oncle, je l'ai méprisé du fond du cœur. Affectueusement, bien sûr, mais enfin, je le méprisais.

FRANÇOISE

Vous n'aviez pas raison.

IRÉNÉE

Oh que non! Il travaillait pour me nourrir, et il me donnait de l'argent de poche... Et moi, je lui parlais avec une certaine insolence, du haut de ma prétention et de ma stupidité. J'avais honte de l'épicerie. Mais c'est l'épicerie qui aurait dû avoir honte de moi!

FRANÇOISE

Allons, n'en faites pas un drame!

IRÉNÉE

C'en est un! Je croyais que j'étais quelqu'un et je viens de m'apercevoir que je ne suis personne. Ça fait une grosse différence.

FRANÇOISE

Si vous ne devenez jamais une vedette de cinéma, il y a tout de même d'autres métiers.

IRÉNÉE

Pas pour moi! J'ai fait mes études dans *Cinémonde* et dans *Pour Vous*. Ça ne me fera pas nommer ingénieur des tabacs.

FRANÇOISE

Il y a énormément de gens qui ne sont pas ingénieurs des tabacs.

IRÉNÉE

Mais je vous dis que je sais rien faire! Je ne sais même pas planter un clou! Une fois, j'ai essayé, je me suis cassé un doigt. Non, je suis le bon à rien complet, le triste sire prétentieux et bon à rien. Et même mon oncle avait l'habitude de me dire : « Tu n'es pas bon à rien, tu es mauvais à tout. » Il avait raison. Et quelquefois, quand il prenait la grosse colère, il me disait : « Va-t'en, inutile! Va-t'en te noyer! » J'aurais dû le faire.

Dans le bureau de Meyerboom. – Meyerboom est derrière son bureau. Devant lui, sur un rang, il y a Dromart, Martelette, Roussin, Astruc, Charlet, le chef accessoiriste, le photographe, Nick. Tous baissent la tête en silence.

MEYERBOOM *(glacé)*

Je dis que vous vous êtes conduits comme des galopins. Je dis que des gens qui doivent tout leur argent et toutes leurs joies au cinéma, devraient avoir le plus grand respect pour une prise de vues à grande mise en scène. En retardant la fin de ce *Napoléon*, vous avez aussi retardé le travail de notre *Manon Lescaut*. C'est une charmante plaisanterie qui va me coûter 25 000 francs au moins. Et qu'avez-vous à dire? Rien. *(Françoise entre en silence.)* Mais moi, j'ai quelque chose à dire. J'ai à dire que quand on travaille chez Meyerboom, qui est votre patron, mais surtout votre ami, et qu'on fait, à ses frais, une plaisanterie de 25 000 francs, eh bien... au moins on l'invite pour qu'il puisse rigoler un peu, lui aussi!

CHARLET

Si on avait su...

COUSINE *(à voix basse)*

Oh tiens! moi, je l'embrasserais!

MEYERBOOM

Vous n'êtes pas chic, non, vous n'êtes pas chic...
Moi, je suis au bureau toute la journée, à cavaler
devant la cavalerie... Moi, toute la journée, je cal-
cule, je combine, je cherche le fric pour le prochain
film... L'avocat, qui est un poète, me voit déjà dans
un cachot. Et vous, vous faites du vrai cinéma. Vous
faites des blagues tordantes, et vous ne m'invitez
jamais... Pourquoi?

CHARLET

On n'ose pas, monsieur Meyerboom. Parce que...
enfin, parce que...

MEYERBOOM

Parce que je suis vieux. Et vous savez quand est-ce
qu'on devient vieux? C'est quand les jeunes vous
laissent tomber. C'est quand on tutoie tout le
monde, et que plus personne ne vous dit « tu ». Vous
êtes là, tous, à vous tutoyer, le metteur en scène, les
acteurs, les machinistes... Vous travaillez ensemble,
vous mangez ensemble, vous faites des blagues
ensemble... Vous êtes comme une espèce de bouquet
plein d'intelligence, d'amitié, de rires... Et moi j'ai
cherché à me glisser dedans... Rien à faire. Et
pourtant, si une seule fois vous m'aviez mis dans le
coup, si vous m'aviez averti d'une blague, voyez-
vous, il m'aurait semblé que j'avais réussi à passer
sous la ficelle qui attache le bouquet. Mais vouatt!
Ça, jamais! C'est un Juif, et c'est le patron...

FRANÇOISE

Monsieur Meyerboom...

144

MEYERBOOM

Et voilà. Monsieur Meyerboom. Quand je ne suis pas présent, vous devez dire : « Cette andouille de Meyerboom. Ce vieux crétin de Meyerboom... » Et jamais quand nous nous rencontrons, je n'en trouverais un qui aurait la gentillesse de me dire : « Alors, mon vieux, comment vas-tu? » Cette amitié-là, c'est fini, ça n'arrivera plus. Et ça justement, c'est la vieillesse. *(Brusquement.)* Allez, rompez.

ASTRUC

Mais, monsieur Meyerboom...

MEYERBOOM

Ça va, ça va, va-t'en, monsieur. Fous le camp, monsieur. Allez faire vos blagues sans moi.

Tous sortent en silence, sauf Françoise, qui est blottie dans un grand fauteuil, Meyerboom les accompagne jusqu'à la porte, et quand ils sont dans le couloir, il leur dit :

Et si l'autre vient vous engueuler, le faux Russe, le faux Italien, le faux Turc, enfin le vrai metteur en scène, s'il vient vous dire quelque chose, foutez-lui mon pied au derrière.

Meyerboom regarde par la fenêtre. Il se retourne. Il voit Françoise.

MEYERBOOM

Tu es encore là, toi? C'est idiot, ce que je viens de leur dire?

FRANÇOISE

Oh non, ce n'est pas idiot. Mais si on ne vous a

pas invité pour la blague, qui était stupide, moi, je peux vous mettre dans le coup pour une bonne action.

MEYERBOOM *(mélancolique)*

C'est moins jeune. Enfin, si tu veux.

FRANÇOISE

C'est pour le pauvre garçon que nous avons fait venir de Marseille... Le Schpountz... Il n'a plus un sou.

MEYERBOOM

Tu veux de l'argent pour le renvoyer à sa famille?

FRANÇOISE

Non. Il ne veut pas rentrer chez lui... Il est parti en claquant les portes. Il croyait qu'il retournerait en auto. En grande vedette. Alors s'il revient au bout de deux jours... Il m'a dit qu'il préférait se noyer...

MEYERBOOM

Il aurait tort. Et qu'est-ce qu'il veut?

FRANÇOISE

Il voulait jouer la comédie. Mais maintenant il ne veut plus. Il se contenterait d'un petit emploi...

MEYERBOOM

Tu sais que je l'ai vu ce matin : il m'a fait l'effet d'un aliéné.

FRANÇOISE

Oui, mais depuis, il a reçu pas mal de coups de pied au derrière...

Meyerboom réfléchit un instant. Puis il sourit avec beaucoup de bonté et remonte vers son bureau.

MEYERBOOM
On va voir si on ne peut pas le mettre aux accessoires.

Il décroche le téléphone.

TROISIÈME PARTIE

Dans la petite cour derrière les studios. – Il y a un chauffeur qui répare un camion de son. Pendant ce temps, un concierge ouvre la porte à deux battants, un taxi entre. Il est conduit par Irénée qui s'arrête, descend, et sort du taxi une douzaine de fusils à pierre : puis, il tire sur une laisse et on voit sortir un superbe singe. Irénée met les fusils en bandoulière, et va entrer dans les studios. – Le chauffeur du camion, jovial, l'interpelle.

LE CHAUFFEUR
Oh dis donc! Tu as trouvé une place pour ton frère?

IRÉNÉE
Ne m'en parle pas! Il m'en faut quatre comme ça pour demain...

Il entre dans les studios. – Irénée s'avance dans le couloir, chargé de ses accessoires, et traînant son singe. Un jeune homme gominé, poudré, battant des paupières, vient à sa rencontre.

LE JEUNE HOMME

La direction, Monsieur, s'il vous plaît?

IRÉNÉE

Il faut sortir, et entrer par l'autre porte.

LE JEUNE HOMME

J'ai essayé. On m'a refusé! Est-ce qu'en me glissant dans les couloirs, je ne pourrais pas arriver à voir un metteur en scène? Parce que si un metteur en scène me voyait...

IRÉNÉE

Oui, si un metteur en scène vous voyait il vous engagerait pour cinq ans à trois cent mille francs par film. Ce n'est pas ça?

LE JEUNE HOMME

Oh non... Je n'ai pas des prétentions si grandes. Mais enfin, je voudrais faire du cinéma.

IRÉNÉE

Eh oui! Mais jusqu'à présent, qu'est-ce que vous avez fait?

LE JEUNE HOMME

Je devais être Ingénieur, mais au baccalauréat, on ne m'a pas voulu. Alors, je me suis présenté au Conservatoire pour le violon...

IRÉNÉE

On ne vous a pas voulu non plus.

LE JEUNE HOMME

Alors j'ai été chez un libraire, puis aux Nouvelles Galeries, puis chez un fleuriste, puis chez un menuisier, puis dans un manège, puis chez un coiffeur. C'est vous dire que j'ai des connaissances très étendues.

IRÉNÉE

C'est me dire aussi qu'on vous a foutu à la porte de partout, et tout de suite vous en avez conclu que vous étiez spécialement doué pour le cinéma.

LE JEUNE HOMME

En général, les artistes...

IRÉNÉE

Un artiste, Monsieur, ce n'est pas un bon à rien! C'est un homme qui a longuement travaillé pour apprendre un art et qui travaille chaque jour pour l'exercer. Vous, vous connaissez certainement l'art de vous faire mettre à la porte; ici il n'y a rien de plus facile, parce qu'un studio est le seul endroit du monde où l'on vous mette à la porte avant de vous laisser entrer.

LE JEUNE HOMME

Il me semble que si un metteur en scène voyait mon profil, écoutait ma voix...

IRÉNÉE

Il rigolerait, mais il aurait peut-être tort : après tout, vous avez l'air tellement prétentieux que vous plairiez peut-être aux femmes, qui sait?

LE JEUNE HOMME

Oh, pour ça, j'en suis sûr.

IRÉNÉE *(pensif)*

Et il en est sûr, c'est encore plus beau... Tenez,

prenez la première porte à gauche, au bout du couloir, vous trouverez la cantine. Vous entrez et vous dites : « Je suis le Schpountz. » Nous verrons bien ce que ça donnera.

LE JEUNE HOMME

Le Schpountz... C'est un mot de passe?

IRÉNÉE

Eh oui. Le pire qui puisse vous arriver, c'est qu'on vous présente des Américains qui vous signeront un contrat miraculeux. Bonne chance. *(Au singe.)* Allez, viens, Eusèbe.

Il s'en va dans une autre direction.

Dans un coin des accessoires, il y a le bureau du chef accessoiriste. Devant lui, un chef de plateau qui lit une liste. Le chef accessoiriste suit la lecture sur un double.

CHEF DE PLATEAU

Une pendule provençale en état de marche. La sonnerie joue.

CHEF ACCESSOIRISTE

On en a une.

CHEF DE PLATEAU

Un bilboquet en bois verni, le plus gros possible.

CHEF ACCESSOIRISTE

Qu'est-ce que ça veut dire? Si tu veux je t'en fais faire un de deux mètres.

CHEF DE PLATEAU

Non, comme un melon ça suffit. C'est tout... On aura tout ça pour demain midi?

CHEF ACCESSOIRISTE

C'est à voir.

Il lève la tête. Irénée entre.

IRÉNÉE

Ça me ferait mal au cœur si tu ne l'avais pas!

CHEF ACCESSOIRISTE

Il y en a beaucoup. *(Il lui tend la liste.)* C'est ça tes quatre singes?

IRÉNÉE

C'est le premier quart. On m'envoie les autres demain. Ici, on aurait pas su où les mettre. J'ai amené que le plus gentil.

Il lit la liste.

Ça va, ça va...

CHEF DE PLATEAU

Le plus important, c'est la boîte à musique. L'auteur y tient beaucoup. *(Il lit la liste.)* Une boîte à musique genre 1880, environ cinquante sur trente, en ébène, manivelle à droite, qui joue : « *J'ai du bon tabac* » et « *La Cantinière du Régiment.* »

IRÉNÉE *(calme)*

En quel ton?

Comment, en quel ton?

IRÉNÉE

« *J'ai du bon tabac* », en la bémol, ou en do dièse, ou en ré? Moi j'aime à savoir exactement ce que l'on me demande. Les « à peu près » et « les environs » ça finit toujours par des engueulades. Alors, dis-moi ce que tu veux, et je te le trouverai, mais ne restons pas dans le vague! Ça complique tout.

Dans la cour des studios, sous un platane, Meyer-boom écoute Françoise. Il a de superbes pantalons de golf. Françoise lui parle chaleureusement. La conversation dure certainement depuis dix minutes.

FRANÇOISE

Ce garçon est un acteur comique extraordinaire.

MEYERBOOM

Qui t'a dit ça?

FRANÇOISE

Moi. Et puis, ça se voit.

MEYERBOOM

Il est certain qu'il a une tête particulière. Seulement tu sais, mon petit enfant, de grandes dents ce n'est pas toujours un grand talent... Un acteur comique, ce n'est pas que ça...

FRANÇOISE

Ecoutez, il est avec nous depuis six mois... Nous le voyons tous les jours, n'est-ce pas? A table, pendant

153

le travail – ou même les jours de congé, parce que nous allons au cinéma ensemble.

MEYERBOOM

Alors? Tu sors avec lui?

FRANÇOISE

Non, avec eux. Avec Astruc, Dromart, Charlet. Toute notre équipe, quoi... Parce que quand on n'est pas ensemble, on s'ennuie. Eh bien, Irénée ce n'est pas seulement par ses traits qu'il est comique... C'est sa façon de se lever, de marcher, de s'asseoir... C'est... les expressions de son visage... Et puis, chez lui, c'est naturel. Il ne se doute même pas qu'il est comique. Mais, de l'avis de tout le monde, il a peut-être du génie.

MEYERBOOM

Ou tu as peut-être le béguin?

FRANÇOISE (elle rit)

Oh! monsieur Meyerboom! Avec ses grandes dents!

MEYERBOOM

Mère-grand, pourquoi avez-vous de si grandes dents? C'est pour mieux te manger, mon enfant.

FRANÇOISE

Je ne suis pas le Petit Chaperon Rouge...

MEYERBOOM

Il faut se méfier des comiques : ils font parfois plus de béguins que la gueule des jeunes premiers. Alors, il a du génie et il est accessoiriste... Il est certain que ma maison serait bien mal organisée si nous laissions

154

le génie aux accessoires... On va lui donner un petit rôle.

FRANÇOISE

Non. Un grand rôle.

MEYERBOOM

Oh, mais dis donc! Tu as les dents encore plus longues que lui! Un grand rôle! Et dans quoi?

FRANÇOISE

Je viens de recevoir le manuscrit du prochain film, pour préparer mon travail.

MEYERBOOM

Ça s'appelle comment?

FRANÇOISE

Ça s'appelle : *Le Fils du Bédouin*.

MEYERBOOM

Ah oui, je connais.

FRANÇOISE

Vous l'avez lu?

MEYERBOOM

Tu penses bien que non. Quand je te dis : « Je connais », ça veut dire que je connais le côté financier de l'affaire. Pour le manuscrit, ma secrétaire m'a dit que c'était assez drôle.

FRANÇOISE

Ça serait extrêmement drôle si Irénée jouait le second rôle.

MEYERBOOM

Qui est la vedette?

FRANÇOISE

Galubert.

MEYERBOOM

Oui, au fond, à côté de Galubert, on peut mettre n'importe qui. Le rôle est court?

FRANÇOISE

Non, il est assez long. Et si c'est Irénée qui le joue, ça deviendra le rôle principal.

MEYERBOOM

Si tu dis ça à Galubert, il ne sera pas de ton avis.

FRANÇOISE

On n'a pas besoin de le lui dire. C'est comme pour Irénée : il ne faut pas lui dire que c'est un rôle comique; il ne veut jouer que les amoureux et les héros.

MEYERBOOM

Avec la tête qu'il a?

FRANÇOISE

C'est justement ça qui sera drôle. C'est un rôle d'amoureux ridicule : lui le jouera sincèrement, et ce sera quelque chose d'étonnant...

MEYERBOOM

Parles-en à Charlet et à Nick.

FRANÇOISE

Ils sont d'accord.

156

MEYERBOOM

Alors, c'est un petit complot?

FRANÇOISE

Un complot, c'est un mot un peu fort.

MEYERBOOM *(amicalement)*

Non, mon petit, non. C'est un complot. C'est un complot. Et un complot pour faire réussir un copain, c'est extrêmement sympathique.

Sur un plateau. – On vient de finir le travail de la journée. Tout le monde plie bagages. Il y a des comédiens qui s'en vont.
Les appareils sont encore en place. Astruc, les machinistes et les assistants les démontent. Entre Françoise. Elle va vers Charlet qui était auprès d'une petite table, sur laquelle divers assistants ramassaient des papiers.

CHARLET

Demain matin, dix heures précises, tout le monde prêt à tourner. On commence par le numéro 84. *(Il voit Françoise.)* Ah, te voilà, toi?

FRANÇOISE *(toute fougueuse)*

Ça y est. J'ai vu le patron. Irénée tourne.

CHARLET

Tu l'as vu, lui?

FRANÇOISE

Pas encore!

CHARLET *(il parle à tout le plateau)*
Dites donc, les gars, ça y est : Irénée va tourner.

ASTRUC
Meyerboom accepte?

FRANÇOISE
Il a été très gentil.

DROMART
Mais Irénée, lui, est-ce qu'il voudra?

FRANÇOISE
Si on ne lui dit pas que c'est un rôle comique...

ASTRUC
Oui, en somme, tu veux lui faire encore une blague. Souhaitons qu'elle se termine aussi bien que la première!

FRANÇOISE
Le plus difficile, c'est de le lui dire!

CHARLET
Ma fille, ça te revient de droit. Si ce n'est pas toi qui lui parles, il va croire qu'on se fout de lui.

FRANÇOISE
C'est une grosse responsabilité... Vous croyez que s'il tourne, il peut avoir du succès?

ASTUC *(amer)*
De comique? Prodigieux!

Françoise et Irénée dans le magasin d'accessoires.

158

FRANÇOISE

Alors, qu'en dites-vous?

IRÉNÉE *(fermement)*

Non. Je vous dis non.

FRANÇOISE

Pourquoi?

IRÉNÉE

Parce que depuis un an, je suis heureux. Vous m'avez fait donner une place, petite, mais elle me plaît. Je fais le seul métier qui pouvait m'intéresser, parce que c'est un métier de fou. Alors, je dis non. Tenez, pour demain il me faut : *(il a tiré une liste de sa poche)* trois singes, une boîte à musique assez particulière, un kayak en peau de phoque, un cor de chasse mi bémol, une couronne de fleurs d'oranger, un ver solitaire dans un bocal, une seringue de vétérinaire, deux kilos d'olives noires et un perroquet muet. Tout ça j'y pense pendant que je vous parle, et je vais y rêver cette nuit. Et demain matin, à midi, j'aurai tout trouvé, tout loué, tout acheté... Et s'il y a quelque chose qu'on refuse de me vendre, eh bien, je le volerai. C'est passionnant.

FRANÇOISE

Dans ces conditions je n'insiste pas.

IRÉNÉE *(catégorique)*

Vous pouvez insister, ça n'y changerait rien. Les acteurs, moi, dans les films, je ne les vois plus; je ne regarde que les accessoires. Si les accessoires sont bien choisis, s'ils cadrent bien avec l'action, le film est bon. On n'admire pas assez l'accessoiriste. On ne se rend pas assez compte qu'une théière mal choisie

peut foutre par terre une scène d'amour, n'est-ce
pas?

FRANÇOISE

Il me semble qu'un mauvais acteur peut faire plus
de tort que la théière...

IRÉNÉE

Peut-être... Raison de plus pour que je refuse de
jouer un rôle... La théière, je veux bien la fournir,
mais ma cafetière, non... Dites, si j'étais mauvais?

FRANÇOISE

Si vous étiez mauvais, ce qui est possible, vous
retourneriez aux accessoires.

IRÉNÉE

Malheureusement non, et c'est là qu'est le danger.
Si j'étais mauvais, je serais le seul à ne pas le voir.
Alors, je m'obstinerais, je m'accrocherais, je ferais
comme tous ces pauvres minables que l'on voit rôder
aux portes des studios... Mais enfin, en réfléchissant,
vous avez raison : je ne serais peut-être pas mauvais... Parce que, à voir jouer les autres, j'ai appris
pas mal de choses. En observant, n'est-ce pas? Et
puis, je n'aurais pas le trac... Tenez, le jour de la
catastrophe, je n'avais pas eu peur de dire ma
phrase. Et ma phrase, je l'avais bien dite... Mais de
là à jouer un rôle, il y a loin, et je dis non.

FRANÇOISE

Ce rôle n'était pas long.

IRÉNÉE

Raison de plus pour le refuser. Certes, je n'y mets
aucun cabotinage. Mais un rôle court me paraît

160

dangereux... Parce que si on joue mal une scène, on n'a plus le temps de se rattraper... Tandis que si le rôle est assez long, ou même très long, eh bien, dans l'ensemble, il peut y avoir quelque chose de passable... Alors, ensuite on peut couper le moins bon, et on ne laisse que l'excellent... Vous me comprenez?

FRANÇOISE

Celui-là, on pourrait le faire allonger. Je connais l'auteur, il est très gentil. Il accepte volontiers l'idée que c'est vous qui jouerez...

IRÉNÉE *(charmé)*

C'est peut-être moi qui lui ai inspiré son personnage?

FRANÇOISE

Peut-être.

IRÉNÉE

Dans ces conditions, il n'est évidemment pas très chic de refuser. Surtout si Meyerboom y tient. Mais si je n'écoute que mon intérêt, je dois dire : « Non. » Et je dis non.

FRANÇOISE

Donc, je n'insiste pas.

IRÉNÉE *(il la retient)*

Oh non, n'insistez pas. Surtout vous. Parce que vous, vous finiriez par me persuader... Allez, je vous connais... Vous faites faire aux gens tout ce que vous voulez...

FRANÇOISE

Et même tout ce qu'ils veulent... Donc, vous dites

non. Je vais pourtant demander à l'auteur d'allonger un peu le rôle...

IRÉNÉE

Ça oui, parce que ça fera plaisir à celui qui le jouera... Qu'est-ce que c'est, exactement, ce rôle?

Trois mois plus tard, un soir, à la cantine des studios. Il y a un grand nombre de gens en toilette de soirée. Ils sont assis; ils dînent. Galubert, le célèbre acteur tragique, est en habit, avec une cape. Mais il n'est pas assis. Il est adossé au comptoir, et il domine toute la salle de sa masse. Il a une grande colère, et parle d'une belle voix grave, avec une amertume lyrique.

GALUBERT

Et si je suis venu, c'est tout simplement pour vous dire que je n'assisterai pas à la présentation de ce soir, parce que je n'ai aucun désir d'entendre siffler un film dans lequel j'ai joué un rôle.

FRANÇOISE

Oh, monsieur Galubert, c'est une chose qui n'est jamais arrivée, et qui n'arrivera jamais!

GALUBERT *(noble)*

Mademoiselle, j'ai le regret de constater que vous vous foutez de moi. Ce film, auquel vous avez collaboré en qualité de scribouillarde et d'intrigante, c'est une escroquerie morale.

CHARLET

Cher maître, vous êtes mal renseigné.

GALUBERT

Je le suis au contraire fort bien. Moi, Galubert qui suis le premier acteur de France, et peut-être le seul, je puis dire sans me vanter...

FRANÇOISE

Tout le monde est ici de votre avis!

ASTRUC

Il faudrait vraiment du parti pris pour ne pas le reconnaître.

GALUBERT

Bon. Donc, moi qui suis le plus grand acteur de France, et peut-être le seul, on m'engage à prix d'or pour jouer le rôle principal d'un film charmant, qui s'intitulait : *Le Fils du Bédouin*, film que vous allez voir ce soir. Parmi les petits rôles qui entouraient le mien, et qui ne sont destinés qu'à me faire valoir moi-même, figure un second comique. Rôle si peu important que Meyerboom le confie à un débutant qui était, je crois, trente-cinquième accessoiriste. Moi, Galubert, j'accepte de jouer à côté d'un accessoiriste.

FRANÇOISE

Là, vous avez été très gentil.

GALUBERT

J'ai été généreux, madame, j'ai eu tort. Pendant la réalisation du film, on a vertigineusement développé le rôle de cet amateur, on a tourné en mon absence des scènes nouvelles, et le second comique est devenu en quelque sorte le rôle principal.

CHARLET

Mais non, cher ami, mais non.

Il se lève. Il va vers lui.

GALUBERT *(presque furieux)*

N'approchez pas! Car tous, tous, vous avez été les complices de cette manœuvre criminelle! Et maladroite! Maladroite, parce que l'accessoiriste n'est pas drôle du tout. Il est laid, il est bête, il joue bêtement. Je reconnais évidemment qu'il a une véritable gueule d'empeigne : mais cela ne suffit pas pour divertir le public. Moi, il ne m'a pas fait rire du tout, et il ne fera rire que les faibles d'esprit.

DROMART

Entièrement de votre avis.

CHARLET *(flatteur)*

Il est bien évident qu'il est loin d'être de votre classe. Auprès de vous, il disparaît.

GALUBERT

Mais dans le film, on n'a montré que lui, je le sais! Eh bien, monsieur, quand on a un Galubert, on en profite. Et quand on veut se servir d'un Galubert, qui coûte cher, pour essayer de lancer une vedette nouvelle que l'on paiera des haricots, ledit Galubert ne se laisse pas faire. Il demande un arbitrage. Et s'il perd, il vous assigne au Tribunal civil. S'il perd encore, il va en appel.

DROMART

S'il perd encore, il va en cassation.

GALUBERT *(sarcastique)*

Ah, c'est donc ça qu'il a dans sa petite tête! C'est de l'esprit! Petit misérable!

CHARLET

Ne vous fâchez pas, mon cher maître... Vous savez qu'ici tout le monde vous aime.

ROUSSIN

Tout le monde vous admire.

ASTRUC

Et que vous allez rester avec nous pour voir votre triomphe!

GALUBERT

Non, monsieur, non. Je n'assisterai pas à la projection. Mais un huissier m'y représentera. Car il y a des crimes contre l'art qui sont presque des sacrilèges. *(Cérémonieux.)* Mesdames et messieurs, j'ai bien l'honneur.

Il salue et il sort. Tout le monde se met à rire.

ASTRUC

Et il sort par le fond!

CHARLET

Vieux cabot, va!

DROMART

Très mauvaise voix pour le son. Et de plus, il est cocu.

FRANÇOISE

Ça, mon vieux, ça ne te regarde pas.

165

DROMART

Ma belle, il a parlé de ma tête, j'ai bien le droit de parler de la sienne.

ROUSSIN

Il a tout de même une vedette.

FRANÇOISE

Oui, ça c'est vrai. Mais enfin, il n'est pas le seul acteur du monde!

UN MONSIEUR

Mais ce qu'il dit, ce n'est pas vrai?

ASTRUC *(ravi)*

Le plus drôle, c'est que c'est vrai! C'est rigoureusement vrai! On a attiré cette vieille gloire dans un traquenard! On a tout simplement égorgé ce vieillard.

FRANÇOISE

Comme tu exagères, tout de même!

ASTRUC

Non, ma petite... Moi, je ne suis pas marseillais. Et j'ai peut-être de bonnes raisons d'être clairvoyant. Le rôle que tu as fait arranger pour Irénée est excellent, il aura un très gros succès de comique, mais Galubert est cuit. Il n'a plus qu'à aller planter ses choux...

FRANÇOISE

Il est assez riche pour ça. Il a des millions!

ASTUC *(mélancolique)*

Irénée en aura aussi.

166

FRANÇOISE

Est-ce que ça te ferait de la peine?

ASTRUC *(fermement)*

Non, ça me ferait plaisir. Où est-il?

FRANÇOISE

Il s'est mis en habit pour assister à la soirée et puis tout à l'heure il s'est mis à trembler d'énervement, et il est sorti se promener dans les couloirs. Il ne viendra pas à la présentation. Franchement, j'aime mieux ça...

Dans un couloir. – Irénée, tout seul, se promène très agité. Il se ronge les ongles. Deux hommes passent chargés de bobines de films.

IRÉNÉE *(à l'un d'eux)*

Hum... C'est notre film?

1er OPÉRATEUR

Eh oui, c'est *Le Fils du Bédouin*. Ne vous inquiétez pas! Ça va marcher! C'est un coup sûr!

IRÉNÉE

Oui, on dit toujours ça. Et puis des fois ça ne marche pas du tout... Alors, c'est tout là-dedans, dans ces petites boîtes...

1er OPÉRATEUR

Eh oui, c'est tout là-dedans...

IRÉNÉE *(il prend une boîte)*

Ma grande scène d'amour... Mon émotion... Mes larmes. Voilà, c'est fini... On n'y peut plus rien. C'est un rouleau de celluloïd... C'est un écrit. Et si je voulais rattraper un mot, corriger un geste...

1er OPÉRATEUR

Trop tard.

IRÉNÉE

Eh oui, trop tard. C'est affreux... De penser que si j'ai mal joué une scène, je vais la jouer mal chaque soir, demain, après-demain, à Lyon, à Grenoble, partout... Et que partout je serai aussi mauvais. Et que partout on me sifflera... Et que grâce à cette invention diabolique on me sifflera même après ma mort!

1er OPÉRATEUR

Qu'est-ce que vous vous en foutez? Vous n'y serez pas! Y aura que votre ombre!

IRÉNÉE *(subitement)*

Oh, mais dites, je ne veux pas, moi, qu'on se foute de mon ombre! Enfin, on n'y peut rien, n'est-ce pas... Faites pour le mieux...

1er OPÉRATEUR

Moi, je n'y peux pas grand-chose... Tout ce que j'ai à faire, c'est d'allumer la lanterne.

IRÉNÉE

Evidemment... Mais enfin, quoique vous n'ayez que ça à faire, faites-le bien tout de même... Je veux dire : allumez-la bien... Allumez-la, enfin... Allumée, n'est-ce pas? Allumée.. Voilà, voilà...

Françoise et Astruc se promènent dans le parc.

ASTRUC

Alors, vraiment, tu crois qu'il ignore toujours qu'il a joué un rôle comique?

FRANÇOISE

Il n'a pas le moindre soupçon.

ASTRUC

Si c'est vrai, tu me permettras de te dire que c'est un véritable imbécile.

FRANÇOISE

Tu es injuste avec lui.

ASTRUC

Et c'est moi qui suis allé le chercher, dans ce petit chemin plein de genêts... Ce n'était pas une bonne idée.

FRANÇOISE

Elle était très bonne pour lui.

ASTRUC

Mauvaise pour moi. Enfin, puisque tu es contente...

FRANÇOISE

De quoi?

ASTRUC

De tout.

FRANÇOISE

Si j'étais contente de tout, j'aurais de la chance.

ASTRUC

C'est bien ton tour. Vois-tu, au lycée, j'étais un
élève brillant. J'étais très intelligent. Je le suis
encore.

FRANÇOISE

Je le sais.

ASTRUC

C'est tant pis pour moi. Il me semble que si j'avais
été plus bête... Il me semble que... Oh! Et puis rien.
Il ne me semble rien.

Un temps. Ils marchent tous les deux dans l'allée.

FRANÇOISE *(très doucement)*

Toi, depuis très longtemps, tu me dis des choses
gentilles. Est-ce que tu les penses vraiment?

ASTRUC

Qu'est-ce que c'est les choses gentilles que je t'ai
dites?

FRANÇOISE

Dans le travail, tu as toujours été très bon avec
moi. Lorsqu'il m'est arrivé de faire une erreur, tu en
as pris la responsabilité devant le patron. Même
quand tu n'y étais pour rien.

ASTRUC *(un peu embarrassé)*

Ça, tu comprends, entre copains, c'est naturel. Tu
es une femme, tu comprends? Toi, tu ne saurais pas
te défendre. Alors, tu comprends?

FRANÇOISE

A la rigueur, oui, je comprends. Mais tu m'as dit

170

deux ou trois fois, en plaisantant, que tu voulais te marier avec moi. Est-ce que tu plaisantais vraiment?

ASTRUC

Puisque tu affirmes que je te l'ai dit en plaisantant, c'est que je plaisantais.

FRANÇOISE

Je n'affirme rien, excuse-moi de te poser une question qui va peut-être te faire rire. Mais... est-ce que tu plaisantais?

ASTRUC *(grave)*

C'est-à-dire que je plaisantais du fond de mon cœur.

FRANÇOISE

Alors, tu m'aimes?

ASTRUC

Tu le sais bien.

FRANÇOISE

Mais non, je ne le sais pas. Et puis, comment veux-tu que je puisse le croire? Tu es jeune, tu as un grand avenir, ta famille est très riche, tu me l'as laissé entendre plusieurs fois...

ASTRUC

Ce n'était pas pour t'humilier, Françoise. C'est vrai que mon père est très riche... Si je te l'ai dit, c'était... pour te tenter. Je te l'avoue carrément.

FRANÇOISE

Et tu veux me tenter parce que tu m'aimes?

ASTRUC

Oui, parce que je t'aime.

FRANÇOISE

Et pourquoi m'aimes-tu? Parce que tu me crois intelligente?

ASTRUC

Tu es certainement intelligente, dans la mesure où une femme peut l'être. Enfin, tu as l'intelligence des femmes. Mais ça, en amour, ça ne compte pas...

FRANÇOISE

Alors, c'est à cause de la vieille camaraderie affectueuse...

ASTRUC

Oh pas du tout. Je t'ai aimée le premier jour où je t'ai vue. Il y a cinq ans.

FRANÇOISE

Toi qui vois tant de jolies femmes... Tu as telle-ment d'occasions...

ASTRUC

Oh tu sais, les occasions, ça ne vaut jamais le neuf.

FRANÇOISE

Mais moi, je n'ai jamais été jolie... Sauf à quatre ans. Ma mère a une photo de moi, à quatre ans. Eh bien, j'étais une très jolie petite fille. Mais depuis, ça s'est dérangé. Alors toi, pourquoi m'aimes-tu?

ASTRUC

Parce que, pour moi, tu es belle.

FRANÇOISE

Est-ce que tu m'as bien regardée?

ASTRUC

Trop.

FRANÇOISE

Ecoute, pour te dire la vérité, je sais que je ne suis pas femme pour deux sous. Les robes, les chapeaux, je m'en fous. Moi, je ne m'habille pas, je me couvre. Je me cache derrière une robe, parce que si je me promenais toute nue, la police m'arrêterait.

ASTRUC

Oh je t'arrêterais avant!

FRANÇOISE

Je n'ai pas de charme féminin. J'ai 28 ans. Et je suis, je ne suis pas...

ASTRUC

Oui, enfin, tu es vierge. Ça prouve que tu as toujours refusé.

FRANÇOISE

Si j'ai eu la force de refuser, c'est peut-être qu'on ne me demandait pas avec assez de force. C'est parce que je puis inspirer la camaraderie, l'amitié, l'affection, mais pas l'amour.

ASTRUC

Mais moi je t'aime, moi, espèce d'idiote! Tu dis que tu es moche? Tant mieux! Comme ça personne ne te prendra à moi... Ecoute! quand tu tapes à la machine à écrire à travers une cloison, sans te voir, je sais que c'est toi. Quand tu tapes, pour moi, c'est de la musique : c'est plus beau que Paderewski. L'année dernière, une grande vedette – Madame Gaby Robianne – se parfumait avec un truc invraisemblable, qui s'appelait « *Brise du Soir* ».

FRANÇOISE

Tu as bonne mémoire.

ASTRUC

Toi, tu en as acheté aussi.

FRANÇOISE

Une folie, 85 francs.

ASTRUC

Eh bien, quand c'était elle, ça me donnait mal au cœur. Et quand c'était toi, c'était la plus douce odeur du monde. Voilà, c'est imbécile. Mais l'amour, c'est ça.

FRANÇOISE

Alors, tu crois que pour celui qui vous aime, on est toujours belle?

ASTRUC

C'est la même chose, parce que belle, ça veut dire aimée.

FRANÇOISE

Alors, pourquoi vous aime-t-il?

ASTRUC

On ne sait pas. On n'a jamais su. C'est comme ça. Une fois que l'on s'aime, on trouve des raisons parce qu'on a toujours besoin de raisons : ça tranquillise. Alors, quand une femme très belle aime un homme très beau, on dit : « C'est parce qu'il est beau. » S'il est laid, on dit : « C'est parce qu'il est laid. » S'il est riche : « C'est parce qu'il est riche », et s'il est pauvre : « C'est parce qu'il est pauvre ». Mais tout ça n'explique rien du tout. Et d'ailleurs, ça n'a pas besoin d'être expliqué, ça s'en fout complètement. L'amour, c'est un miracle personnel et particulier comme tous les miracles d'ailleurs... Est-ce que tu as remarqué que dans la vie, il n'y a que les miracles qui soient intéressants? Heureusement qu'on en voit chaque jour.

FRANÇOISE

Moi je n'en ai jamais vu beaucoup.

ASTRUC

Parce que tu ne fais pas attention. Si on regardait bien, on en verrait tout le temps : ça n'arrête pas!

FRANÇOISE

Si tu me trouves belle, c'est évidemment un miracle.

ASTRUC

Si tu me trouvais beau, ça en serait un autre, qui compléterait le premier.

FRANÇOISE

Moi, je trouve que tu es très bien.

ASTRUC

Et tu m'aimes? Oui, comme un frère.

FRANÇOISE

Si tu penses à des choses physiques, non, je ne

t'aime pas. Je voudrais bien t'aimer, tu comprends.
Mais je ne peux pas. Voilà.

ASTRUC

Alors pourquoi te promènes-tu avec moi dans un
parc, le soir? Pourquoi me demandes-tu si je t'aime?
C'est pour savoir si tu es aimable? C'est une petite
expérience que tu fais? Au fond tu viens me demander si un autre peut t'aimer. C'est une consultation.
C'est aussi une belle rosserie. Enfin, si je ne puis te
servir qu'à ça, ça me fait tout de même plaisir... C'est
naturel au fond, que tu sois chipée pour un
Schpountz... Il est tellement le contraire de toi...
C'était forcé qu'il t'aime et que tu l'aimes...

FRANÇOISE

Tu dis qu'il m'aime comme si tu en étais sûr!
Comme s'il t'avait fait ses confidences!

ASTRUC

Mais c'est visible, voyons... Sans toi, il est perdu, et
il le sait... C'est d'ailleurs pour ça qu'il te plaît!

FRANÇOISE

Mais à ton avis...

ASTRUC

Mais à mon avis, tu devrais avoir la pudeur de ne
pas me demander mon avis! Tu ne veux tout de
même pas que je vous écrive le dialogue? Merde
alors!

FRANÇOISE *(affectueusement)*

Pardonne-moi, si je t'ai fait de la peine...

176

ASTRUC

Oh tu sais, je ne vais pas me suicider... Ça non...
Et je ne vais pas te tuer non plus... Aujourd'hui
quand on tue la femme qu'on aime, c'est parce
qu'elle ne veut pas faire le trottoir ou parce qu'elle a
droit à une pension alimentaire, ou parce qu'elle a
pris une belle assurance vie... Nous vivons dans une
époque merveilleusement raisonnable... Va, pour
moi, ça se tassera. On restera copains quand même...
Enfin, tout ce qu'on peut en dire, c'est qu'il me
semble que je t'aurais bien aimée, que ça aurait été
très doux, très calme, très intelligent... Ça n'a pas
marché. Je reprends mes billes, et je vais jouer
ailleurs. On s'embrasse?

FRANÇOISE

Que tu es bête.

*Ils s'embrassent fraternellement. On entend, au loin,
de la musique.*

ASTRUC

Tiens, voilà la troisième bobine qui commence...

FRANÇOISE

La scène de Galubert... Et après, l'entrée d'Irénée.

ASTRUC

Viens, nous n'allons pas rater son entrée, maintenant que j'ai réussi ma sortie!

*Irénée se promène dans le couloir parmi les projec-
teurs et les affiches multicolores. Il est agité, il ronge
ses ongles, il soupire. On entend au loin une rumeur
puis des rires.*

IRÉNÉE

Mais qu'est-ce qui les fait rire comme ça? Ça doit être cet idiot de Galubert. Enfin, ils ont l'air de s'amuser... Mais s'ils s'amusent trop, ma scène d'amour ne les touchera pas... Ils vont peut-être en rire aussi. Surtout que... Enfin, s'ils en riaient, ça serait la fin des fins. Et puis tant pis après tout, je m'en fous. J'aurai toujours l'épicerie.

Il époussette des accessoires. – Brusquement il se retourne. Françoise arrive au bout du long couloir. Irénée frissonne.

IRÉNÉE *(tremblant)*

Mon Dieu, qu'est-ce qu'elle va me dire?

FRANÇOISE *(toute joyeuse)*

Ça y est!

IRÉNÉE

Qui? Qu'est-ce qui y est?

FRANÇOISE

C'est gagné. Ils ont applaudi deux fois.

IRÉNÉE

Qui?

FRANÇOISE

Vous. Ils vous ont applaudi, vous personnellement.

IRÉNÉE

La grande scène d'amour?

178

FRANÇOISE

Non. Elle n'est pas encore passée.

IRÉNÉE

Qui sait quel effet elle va faire?

FRANÇOISE

Oh celle-là, j'en suis sûre.

IRÉNÉE

Moi aussi, moi aussi. Mais vous, vous en êtes absolument sûre?

FRANÇOISE

Absolument sûre!

IRÉNÉE

Vous croyez qu'ils vont pleurer?

FRANÇOISE

Il faut que je vous dise la première ce qu'on vous dira tout à l'heure. Le film est un grand succès... Mais pas tout à fait comme vous croyez.

IRÉNÉE

C'est un succès pour tout le monde, sauf pour moi?

FRANÇOISE

Non, c'est un gros succès pour vous. Mais enfin... Il y a des scènes... celles que vous appeliez les scènes d'émotion...

IRÉNÉE

Oui, les principales. – Eh bien...

FRANÇOISE *(hésitante)*

Eh bien... Elles font beaucoup d'effet... Mais enfin, elles font un effet d'émotion... mêlé de comique.

IRÉNÉE *(frappé)*

Ah! Quand je pleure, ça les fait rire?

FRANÇOISE

Oh! Ils ne rient pas méchamment... Pas grossièrement, non... Mais la vérité, c'est que vous êtes un acteur comique... Un grand acteur comique.

IRÉNÉE *(atterré)*

Moi?

FRANÇOISE

Tous le disent. Même les journalistes, même les producteurs. C'est une révélation. Il y en a déjà qui ont quitté la salle et qui vous cherchent pour vous signer des contrats!

IRÉNÉE

Mais ma scène d'amour?

FRANÇOISE

Elle fera rire.

IRÉNÉE *(il a les larmes aux yeux)*

Non, non, je l'ai jouée sincèrement.

FRANÇOISE

C'est peut-être pour ça.

IRÉNÉE

Merci.

180

A ce moment, on entend au loin, un immense éclat de rire. Irénée regarde l'heure.

IRÉNÉE

Onze heures vingt. La scène d'amour. Ils sont en train de se foutre de moi.

FRANÇOISE

Mais non. Il y a plusieurs façons de rire...

IRÉNÉE

Il y a aussi plusieurs façons de ne pas rire et d'avoir du chagrin...

FRANÇOISE

Pourquoi en auriez-vous? Demain vous serez riche, vous serez célèbre...

IRÉNÉE

A quoi bon? Il m'arrive le malheur le plus ridicule. Ne pas atteindre son but, c'est grave, c'est une grande déception. Mais atteindre un but tout à fait opposé, et réussir, pour ainsi dire, à l'envers, c'est la preuve la plus éclatante que l'on est un véritable idiot.

FRANÇOISE

Ce n'est pas vrai. On ne se connaît pas soi-même.

IRÉNÉE

Ecoutez – supposez qu'un ingénieur ait inventé un nouveau canon, qui tire plus loin que les autres. Et au premier essai, ce canon tire par-derrière, et l'inventeur qui surveillait le tir tout plein d'espoir et de fierté, reçoit l'obus dans l'estomac. Il tombe et il meurt. Eh bien, moi, mon canon tire à l'envers, je me sens plus triste que si j'étais mort!

FRANÇOISE

Votre succès va vous ressusciter.

IRÉNÉE

Et vous croyez que je vais accepter un succès de comique! Ah non. Pouah!

FRANÇOISE

Mais pourquoi?

IRÉNÉE

Faire rire! Devenir un roi du rire! C'est moins effrayant que d'être guillotiné, mais c'est aussi infamant.

FRANÇOISE

Pourquoi?

IRÉNÉE

Des gens vont dîner, avec leur femme ou leur maîtresse. Et vers neuf heures du soir, ils se disent : « Ah, maintenant qu'on est repu, et qu'on a fait les choses sérieuses de la journée, où allons-nous trouver un spectacle qui ne nous fera pas penser, qui ne nous posera aucun problème et qui nous secouera un peu les boyaux, afin de nous faciliter la digestion? »

FRANÇOISE

Allons donc! Vous exagérez tout...

Oh non, car c'est même encore pire : ce qu'ils viennent chercher, quand ils vont voir un comique, c'est un homme qui leur permette de s'estimer davantage. Alors pour faire un comique, le maquilleur approfondit une ride, il augmente un petit défaut. Au lieu de corriger mon visage, au lieu d'essayer d'en faire un type d'homme supérieur, il le dégradera de son mieux, avec tout son art. Et si alors j'ai un grand succès de comique, cela voudra dire que dans toutes les salles de France, il ne se trouvera pas un homme, si bête et si laid qu'il soit, qui ne puisse pas se dire : « Ce soir je suis content, parce que j'ai vu – et j'ai montré à ma femme – quelqu'un de plus bête et de plus laid que moi. » *(Un temps, il réfléchit.)* Il y a cependant une espèce de gens auprès de qui je n'aurai aucun succès : les gens instruits, les professeurs, les médecins, les prêtres. Ceux-là, je ne les ferai pas rire, parce qu'ils ont l'âme assez haute pour être émus de pitié. Allez, Françoise, celui qui rit d'un autre homme, c'est qu'il se sent supérieur à lui. Celui qui fait rire tout le monde c'est qu'il se montre inférieur à tous.

FRANÇOISE

Il se montre, peut-être, mais il ne l'est pas.

IRÉNÉE

Pourquoi?

FRANÇOISE

Parce que l'acteur n'est pas l'homme. Vous avez vu Charlot sur l'écran, qui recevait de grands coups de pied au derrière. Croyez-vous que dans la rue, M. Charlie Chaplin accepterait seulement une gifle?

Oh non! Il en donnerait plutôt... C'est un grand chef dans la vie, M. Chaplin.

IRÉNÉE

Alors, pourquoi s'abaisse-t-il à faire rire?

FRANÇOISE

Quand on fait rire sur la scène ou sur l'écran, on ne s'abaisse pas, bien au contraire. Faire rire ceux qui rentrent des champs, avec leurs grandes mains tellement dures qu'il ne peuvent plus les fermer; ceux qui sortent des bureaux avec leurs petites poitrines qui ne savent plus le goût de l'air. Ceux qui reviennent de l'usine, la tête basse, les ongles cassés, avec de l'huile noire dans les coupures de leurs doigts... Faire rire tous ceux qui mourront, faire rire tous ceux qui ont perdu leur mère, ou qui la perdront...

IRÉNÉE

Mais qui c'est ceux-là?

FRANÇOISE

Tous... Ceux qui n'ont pas encore perdu la Mère, la perdront un jour... Celui qui leur fait oublier un instant les petites misères... la fatigue, l'inquiétude et la mort; celui qui fait rire des êtres qui ont tant de raisons de pleurer, celui-là leur donne la force de vivre, et on l'aime comme un bienfaiteur...

IRÉNÉE

Même si pour les faire rire il s'avilit devant leurs yeux?

FRANÇOISE

S'il faut qu'il s'avilisse, et s'il y consent, le mérite est encore plus grand, puisqu'il sacrifie son orgueil

184

pour alléger notre misère... On devrait dire saint Molière, on pourrait dire saint Charlot...

IRÉNÉE

Mais le rire, le rire... C'est une espèce de convulsion absurde et vulgaire...

FRANÇOISE

Non, non, ne dites pas de mal du rire. Il n'existe pas dans la nature : les arbres ne rient pas et les bêtes ne savent pas rire... les montagnes n'ont jamais ri... Il n'y a que les hommes qui rient... Les hommes et même les tout petits enfants, ceux qui ne parlent pas encore... Le rire, c'est une chose humaine, une vertu qui n'appartient qu'aux hommes et que Dieu peut-être leur a donnée pour les consoler d'être intelligents...

On entend une rumeur. Des gens s'avancent dans le couloir. Astruc paraît. Il crie : « Les voilà ». Irénée s'enfuit. Françoise essaie de le retenir. Dans le couloir, c'est une ruée de gens en habit, de femmes en robe de soirée. Irénée fuit devant eux. Comme il arrive au tournant du couloir, un autre groupe vient à sa rencontre. Il est cerné.

ASTRUC *(joyeux)*

Bravo mon vieux! Bravo!

UN MONSIEUR

Eblouissant! Une révélation!

MEYERBOOM

C'est le cas de le dire! Une révélation pour tout le monde, mais pas pour moi. Moi, je m'y attendais!

COUSINE

Oh ben, nous aussi on le savait qu'il était rigolo. S' pas Astruc, qu'on le savait?

IRÉNÉE

Moi, je ne le savais pas.

COUSINE

Oui, mais toi tu es trop modeste. N'est-ce pas qu'il est modeste?

UN MONSIEUR

C'est un comique de la grande race! Un comique absolument miraculeux. Il a la *vis comica*!

Et il fait le geste de visser quelque chose.

UNE DAME

Je n'ai jamais autant ri de ma vie!

UNE AUTRE DAME

La scène d'amour, surtout!

IRÉNÉE *(amer)*

Oui, il paraît que c'est une réussite exceptionnelle.

UNE DAME

Monsieur Irénée, voulez-vous me donner un autographe?

UNE AUTRE DAME

Et des photos? On n'a pas de photos de lui?

MEYERBOOM

Tout à l'heure, on vous donnera tout ce que vous

voudrez. Mesdames et messieurs, pour fêter l'heureux événement qu'est la naissance d'une nouvelle vedette, je vous prie d'accepter une coupe de champagne, que je serais heureux de vous offrir à la cantine qui a vu déjeuner tant de fois la nouvelle gloire du cinéma français!

Cris, bravos..., etc. Meyerboom veut entraîner Irénée.

MEYERBOOM

Je vous demande cinq minutes, car nous avons quelques affaires à régler...

IRÉNÉE

Avec moi?

MEYERBOOM

Avec vous. Votre contrat.

IRÉNÉE

Mais je l'ai, mon contrat.

MEYERBOOM

Pour ce film? Oui, vous l'avez, et d'ailleurs il est ridicule, ou presque. Nous allons arranger ça, et puis, nous allons en signer un autre.

IRÉNÉE *(étonné)*

Pour un autre film?

MEYERBOOM

Pour d'autres films. Venez...

IRÉNÉE *(à Françoise)*

Françoise, vous venez?

MEYERBOOM

Où donc?

IRÉNÉE

Avec nous.

MEYERBOOM

Vous savez, pour discuter affaires...

IRÉNÉE *(catégorique)*

Si elle ne vient pas, je n'y vais pas...

FRANÇOISE *(hésitante)*

Il me semble qu'il serait indiscret de ma part...

IRÉNÉE

Bon. Alors je n'y vais pas. Nous en parlerons demain.

MEYERBOOM

Bon. Viens, Françoise. Tu es son manager maintenant?

FRANÇOISE

Non, sa camarade tout au plus.

IRÉNÉE

C'est déjà beaucoup.

Ils s'en vont par un couloir. La foule s'en va de l'autre côté. Dans la foule, Cousine parle.

COUSINE

Eh bien moi, ça me fait le plus grand plaisir. Parce que c'est un garçon très simple, et très sympathique, et vous verrez qu'il ira loin. A condition de ne pas se marier avec une femme, bien entendu.

ASTRUC

Et avec qui veux-tu qu'il se marie?

COUSINE

Oh! Je crains bien qu'il n'épouse Françoise.

ASTRUC

Je le crains aussi.

COUSINE *(triste)*

Nous aurons perdu deux amis. Tout au moins jusqu'à leur divorce... Parce que je ne puis admettre qu'un homme et une femme puissent subir long-temps la cohabitation.

Dans le bureau de Meyerboom. – Meyerboom est assis sur le coin de son bureau. Irénée est assis dans un fauteuil. Françoise est debout.

MEYERBOOM

Quand vous avez joué le rôle principal de ce film, mon cher ami, je faisais une expérience. Expérience qui pouvait me coûter cher – puisque j'ai risqué un million. Ce million ne m'appartenait pas : ce n'était donc pas très grave – mais il faut tout de même un certain courage pour risquer l'argent des autres.

IRÉNÉE

Oui, évidemment. Mais il en faut surtout aux autres.

MEYERBOOM

Non, non. Les commanditaires ne se rendent
jamais compte... Cependant, comme je risquais cet
argent sur un inconnu, je ne vous ai pas payé très
cher.

IRÉNÉE

Oh! Huit mille francs pour trente jours, c'était
déjà beau!

MEYERBOOM

Ce n'était pas assez, puisque vous avez fort bien
joué le rôle. Devant le succès qui s'annonce j'ai
décidé d'arrondir ça. Je vous donne tout de suite un
complément de quarante-deux mille francs, ça vous
fera cinquante, ce qui est honnête – et vous n'aurez
rien à me reprocher.

FRANÇOISE

Voilà un geste aussi adroit que généreux.

*Il signe le chèque. Irénée tend la main. Meyerboom
ne le lui donne pas.*

MEYERBOOM

Seulement vous allez tout de suite me signer un
petit papier, un autre contrat.

IRÉNÉE *(empressé)*

De tout mon cœur. Où est-ce qu'il faut que je
signe?

FRANÇOISE *(prudente)*

Le contrat est déjà établi?

190

MEYERBOOM

Oh! Il pourrait me signer deux ou trois feuilles de papier blanc – et ensuite, je l'arrangerai.

IRÉNÉE

Il l'arrangera.

FRANÇOISE

Il vaudrait mieux vous arranger vous-même plutôt que de vous laisser arranger par Monsieur Meyerboom. Quelles sont les clauses du nouveau contrat?

MEYERBOOM

Cinq cent mille francs.

IRÉNÉE *(ahuri)*

Cinq cent mille francs? Pour moi?

MEYERBOOM

Mais oui, pour vous!

IRÉNÉE

Un demi-million!

FRANÇOISE

Par film?

IRÉNÉE *(béat)*

Mais non, voyons! Pour toute la vie. Il m'achète un demi-million!

FRANÇOISE

Oh mais pas du tout! Ça serait fou, tout simplement.

MEYERBOOM

Ah mais il ne s'agit pas de l'acheter! Ce que je lui propose, c'est pour un an, pas plus.

IRÉNÉE

Alors : 500 000 francs, c'est trop. Moi je le dis comme je le pense.

MEYERBOOM

Voilà un homme raisonnable. Un homme qui comprend les choses.

IRÉNÉE

Il faut un peu se mettre à la place de M. Meyerboom. Si j'étais un grand acteur, de ceux qui font pleurer les femmes, je ne dis pas non. Mais puisque je ne suis qu'un comique? S'il me donne 500 000 francs, il ne reverra jamais son argent. Disons les choses comme elles sont.

MEYERBOOM

Voilà du bon sens.

IRÉNÉE

Vous croyez que mon film va être un succès. Est-ce que vous en êtes sûr?

MEYERBOOM

Oh que non!

IRÉNÉE

Oh que non!

FRANÇOISE *(en colère)*

Si vous continuez à dire des stupidités et à faire le

Schpountz, moi je m'en vais, et je vous laisse vous débrouiller tout seul.

IRÉNÉE

Ah non, ça non... Ne partez pas.

FRANÇOISE *(calmement)*

Bon, alors, ne dites plus rien. Ecoutez, M. Meyerboom. Pas si vite! On a toujours le temps de signer un contrat. Il faut le lire d'abord, il faut réfléchir ensuite. Puisque les invités vous attendent, allez les trouver tous les deux et confiez-moi ces papiers. Vous signerez demain.

MEYERBOOM

Au fait, tu as raison. Quelquefois, après une nuit de repos on a l'esprit plus net, et un enthousiasme exagéré a le temps de se calmer.

IRÉNÉE *(effrayé)*

Ça y est. Il va changer d'idée.

MEYERBOOM

L'occasion n'a qu'un cheveu, surtout quand l'occasion c'est moi. Ecoutez, je vous propose une chose. Je vais expédier les invités, pendant ce temps vous lisez les papiers, et nous nous retrouvons ensuite, pour finir l'affaire. Ça va?

IRÉNÉE

Oui, parce que moi, j'aime mieux ne pas y aller. Il y a trop de monde. J'ai honte.

MEYERBOOM

Et il a raison. Ça me permettra un petit discours

sur la modestie du triomphateur. Une gloire qui se cache, c'est toujours plus sympathique.

FRANÇOISE *(maligne)*

Naturellement. Et puis une gloire qui se cache ne risque pas de rencontrer d'autres producteurs, qui sont là-bas ce soir et qui pourraient lui offrir plus que vous.

MEYERBOOM

Oh! Je n'y ai même pas pensé. Alors je vous retrouve dans un quart d'heure, ici?

IRÉNÉE

D'accord.

FRANÇOISE

Seulement, il faut lui laisser le chèque... Celui qui s'applique au film déjà fait... Si vous ne le lui donnez pas vous risquez de ne pas nous retrouver.

MEYERBOOM

Tiens, le voilà. Je me demande pourquoi tu restes dans la production. Si tu veux je te prends avec moi, tu discuteras mes affaires à ma place!

IRÉNÉE *(radieux)*

C'est extraordinaire, hein, ce qu'elle est intelligente?

MEYERBOOM

Elle ne le serait peut-être pas pour tout le monde! Bon, à tout à l'heure.

Il sort.

IRÉNÉE

Qu'est-ce qu'il a voulu dire?

FRANÇOISE

Je n'en sais rien.

Elle commence à lire le contrat.

Nous retournons dans l'épicerie du petit village.

L'ONCLE *(qui vient de la cuisine)*

Il y a un pot-au-feu pour ce soir, que je te dis que ça... Ça mijote, ça mitonne, ça se compose... On n'est que trois, et il y en aurait pour six...

CASIMIR *(tristement)*

Si seulement on était quatre, je sais que j'aurais meilleur appétit.

L'ONCLE *(brusquement en colère)*

Et c'est de ma faute si on n'est pas plus que trois? Dis, espèce d'imbécile, c'est ma faute?

CASIMIR

S'il écrivait, au moins! S'il envoyait seulement une carte postale.

L'ONCLE

Et avec quoi veux-tu qu'il se paye un timbre, puisqu'il n'a pas de quoi manger?

CASIMIR

Qu'est-ce que tu en sais?

195

L'ONCLE *(avec assurance)*

J'en suis sûr. Il couche sous les ponts, et il a faim, il crève de faim. Et c'est bien fait. Moi, je voudrais qu'il devienne maigre comme une arête de morue... Je voudrais qu'il en arrive au point d'avoir le nombril en relief! Parce qu'à ce moment-là, il reviendrait, cet imbécile.

Irénée et Françoise sortent par la porte du petit studio.

IRÉNÉE

En somme, c'est une espèce de triomphe désastreux.

FRANÇOISE

On pourrait dire aussi que c'est un désastre triomphal.

IRÉNÉE *(soudain inquiet)*

Vous croyez que Meyerboom ne va pas changer d'idée?

FRANÇOISE *(tranquillement)*

Oh non! Vous n'avez peut-être pas demandé assez...

IRÉNÉE

Moi, sans vous j'aurais accepté n'importe quoi. Ce contrat, si on le signe, c'est à vous que je le devrai. Oui. Comme tout d'ailleurs. Je vous dois tout.

FRANÇOISE *(un peu gênée)*

Mais non... Ce n'est pas moi qui vous ai donné

votre nature, ni votre talent... Je vous ai aidé de mon mieux, pour essayer de réparer le mal que je vous avais fait.

IRÉNÉE

Pour un très petit mal, vous m'avez rendu un très grand bien.

FRANÇOISE

C'est bien comme ça. J'en suis heureuse.

IRÉNÉE *(devenu pensif)*

Vous ne savez pas à quoi je pense?

FRANÇOISE

Non, si vous ne me le dites pas.

IRÉNÉE

Je pense à la tête de l'oncle Baptiste, quand je lui dirai que je suis riche. Je pense à la joie de mon frère. Je pense à l'admiration des voisins.

FRANÇOISE *(rêveuse)*

Ce doit être une bien grande joie pour un homme : être parti pauvre de son village, et revenir riche et célèbre.

IRÉNÉE

Ça doit être une scène qui mérite d'être vue.

FRANÇOISE

Oh oui!

IRÉNÉE

Alors, venez la voir. Venez avec moi.

FRANÇOISE

Où?

IRÉNÉE

Dans mon village. A Eoures. Bouches-du-Rhône, hum. Par la Valentine et les Camoins.

FRANÇOISE

Oh mais non! Je ne peux pas.

IRÉNÉE *(inquiet)*

Votre amant se fâcherait?

FRANÇOISE

Non. Ça, ce n'est pas possible.

IRÉNÉE

Il n'est pas jaloux?

FRANÇOISE

Non.

IRÉNÉE

Il ne vous surveille pas?

FRANÇOISE

Non.

IRÉNÉE

Il est très riche?

FRANÇOISE

Non.

IRÉNÉE

Alors, qu'est-ce qu'il mange, et avec quoi il s'habille?

FRANÇOISE

Il ne mange pas, et il ne s'habille pas.

IRÉNÉE

Dites, vous vous moquez de moi?

FRANÇOISE *(souriante)*

Oui. Je n'ai pas d'amant, je n'en ai jamais eu.

IRÉNÉE *(heureux)*

Quoi? Alors, vous êtes une jeune fille?

FRANÇOISE

Une vieille fille.

IRÉNÉE

Ah non! Ça non, alors. D'abord, les vieilles filles ont des moustaches, et elles embrassent des perroquets.

FRANÇOISE

Je me rase peut-être, et j'ai peut-être un perroquet.

IRÉNÉE

Non, non, non, ne dites pas de stupidités. C'est vrai que des stupidités vous êtes capable d'en dire. Avec toute votre intelligence, qui est immense, c'est incroyable ce que vous pouvez être bête.

FRANÇOISE

Moi?

IRÉNÉE *(calmement et fermement)*

Oui, vous. Quand vous parlez de votre amant à la cantine, devant tout le monde, vous ne vous rendez pas compte que ça peut faire de la peine à quelque brave garçon, qui va y penser toute la nuit. Moi je vous dis ça pour Astruc; ou Dromart, ou enfin pour d'autres à qui peut-être vous avez fait passer des nuits blanches. Enfin, peut-être pas blanches, mais grises... Pourquoi dites-vous que vous avez un amant?

FRANÇOISE

Pour ne choquer personne.

IRÉNÉE *(joyeux)*

Eh bien moi, ça ne me regarde pas, mais que vous n'ayez pas d'amant, ça me choque pas du tout.

FRANÇOISE

Et puis, quand une femme qui a plus de vingt ans n'a aucune aventure, je sais ce que l'on peut dire d'elle. On dit : « C'est une vicieuse, ou alors c'est une infirme. » Et d'autre part, par curiosité, même si elle n'est pas bien jolie, tous les hommes lui courent après... C'est pour éviter des ennuis que j'ai menti. Voilà tout.

IRÉNÉE

Alors, chez qui habitez-vous? Pourquoi jamais aucun de vos camarades n'a pu aller dans cet endroit mystérieux?

FRANÇOISE

Parce que j'habite chez ma mère.

IRÉNÉE

Comme dans les romans?

FRANÇOISE

Non, comme dans la vie.

IRÉNÉE *(joyeux)*

Mais alors, dans ces conditions, personne ne vous empêche de venir avec moi, faire un petit voyage dans le Midi!

FRANÇOISE

Depuis que vous êtes riche, vous croyez que tout le monde est millionnaire! Et mon travail?

IRÉNÉE

Ça alors, ça devient rigolo! Votre travail? C'est de vous occuper de moi. Vous m'avez commencé, il faut me finir. Ce contrat, là, qui me donne trois cent mille, ou cinquante mille, ou sept cent mille francs – moi je ne sais plus, n'est-ce pas – alors, vous croyez qu'il est pour moi seul? Ah mais pas du tout! Il est pour nous deux. En associés, bien entendu. Nous parlons affaires. Alors, moi en homme d'affaires, je vous dis qu'il y en a la moitié pour vous, autrement, je ne signe pas *(Avec entêtement.)* Non, je ne signerai pas. Non. Non, et non. Et je vous parle froidement.

FRANÇOISE

Mais à quel titre me donneriez-vous tant d'argent?

IRÉNÉE

Au titre que vous choisirez.

FRANÇOISE

Je n'ai pas le choix. Et puis, que dirait ma mère?

IRÉNÉE

Oh, votre mère, je m'en charge. Je ne veux pas dire que je vais lui faire le coup du père François : au contraire. Mais j'irai la voir. Quand je saurai son adresse, bien entendu. Et je lui dirai : « Madame. Je suis Irénée. » Elle dira : « Qui ça Irénée? »

FRANÇOISE

Non, elle vous connaît! Je lui ai souvent parlé de vous.

IRÉNÉE

Merci. Ça me facilitera. Je lui dirai : « Madame, je suis Irénée, vous me connaissez? » Elle me dira : « Oui. » Je lui dirai : « Madame, je suis riche. » Elle me dira : « Je le sais. Ma fille me l'a dit. » Je lui dirai : « Madame, il y a une chose que votre fille ne vous a peut-être pas dite. C'est que je lui dois absolument tout. »

FRANÇOISE

Ce n'est pas vrai.

IRÉNÉE

Ce n'est pas à vous que je parle. C'est à votre mère. Alors elle me dira : « Monsieur, dans ces conditions, que désirez-vous? » Et je lui dirai : « Madame, voulez-vous m'accorder votre fille... comme *(hésitant)* comme manager? »

FRANÇOISE

Elle va croire que vous lui demandez ma main.

IRÉNÉE

Si elle le croit, tant pis. A ce moment-là, si elle me donne votre main, je serai bien obligé par politesse de la garder dans la mienne.

FRANÇOISE

Qui vous dit que ça me plairait?

IRÉNÉE

Oh, mais moi je ne dis pas ça! Je dis que par la logique des choses, et par la force du raisonnement, je suis obligé de vous proposer une espèce d'association... hum, conjugale. Remarquez bien que je ne suis jamais allé sous votre fenêtre, la nuit, pour vous jouer de la guitare. Mais sans vous je serais incapable de signer un contrat, ou de me diriger dans la vie. J'ai besoin de vous. Je vous parle en homme d'affaires. Donc, ce n'est pas une scène d'amour, et par conséquent ce n'est pas comique. Je puis donc vous dire, en toute simplicité, qu'il est nécessaire que je vous épouse. C'est même intéressant, parce que, d'être votre mari, ce ne sera peut-être pas le Paradis, et je n'ai aucune envie de vous embrasser. Mais de ne pas être votre mari, c'est un gros inconvénient. Donc, nous faisons un mariage de raison.

FRANÇOISE

La raison, ça fait triste... Si je me marie un jour, ça sera un mariage d'amour.

IRÉNÉE

Vous y tenez beaucoup?

FRANÇOISE

Plus qu'à tout.

IRÉNÉE

Bon. Eh bien, écoutez. En se forçant bien, en s'appliquant, n'est-ce pas, en se suggestionnant, si on faisait un mariage d'amour?

FRANÇOISE

L'amour ça ne vient pas comme ça!

IRÉNÉE

Oh que si! Moi, je me connais! Si je me force, vous savez... Si je me force... *(se penchant vers elle)* Oh là là! Si je me force, je vous embrasse.

FRANÇOISE *(l'arrêtant)*

Chut.

IRÉNÉE

Je vous ai dit : « Si je me force. »

FRANÇOISE

Eh bien, ne vous forcez pas.

IRÉNÉE

D'accord. Alors, qu'est-ce qu'on fait?

FRANÇOISE

Il ne faut pas aller si vite.

IRÉNÉE

Oui. Au fond, j'ai tort. Mais je me forcerai quand je serai plus riche.

FRANÇOISE *(vexée)*

C'est justement ça. Vous n'êtes pas assez riche.

IRÉNÉE *(triste)*

Je vous comprends. Les femmes sont comme ça. Elles veulent une sécurité... Oh! elles n'ont pas tort. Seulement, je vais vous demander tout de suite de me fixer un chiffre. Qu'est-ce que vous exigez que je gagne pour me dire : « Oui »?

FRANÇOISE

Tenez, il me semble que je vous épouserais si vous aviez une voiture comme celle de M. Meyerboom.

IRÉNÉE

La grosse? L'immense?

FRANÇOISE

Oui, l'immense.

IRÉNÉE

Ça, ce n'est pas impossible. Mais ça va nous retarder de deux ans. C'est sérieux, au moins?

FRANÇOISE

C'est très sérieux.

IRÉNÉE

Bon. Hé bien voilà ce que je vais faire. Je vais m'appliquer à devenir un grand comique, puisque c'est le seul moyen de vous gagner. Et je crois que ce grand désir me donnera tout le talent que dans le fond, je n'ai peut-être pas.

FRANÇOISE

Vous parlez toujours en homme d'affaires?

IRÉNÉE *(ému)*

Oh non, Françoise, je parle... Je vous parle...

205

Il va mettre un genou à terre. La porte des studios s'ouvre. Quelqu'un s'avance.

IRÉNÉE

Un emmerdeur.

Meyerboom s'avance, souriant, Irénée se précipite.

IRÉNÉE *(très aimable)*

Bonsoir, cher Monsieur Meyerboom! Nous vous attendions!

MEYERBOOM *(tout joyeux)*

Alors, mes enfants, tout va bien?

IRÉNÉE

Je ne puis pas dire que tout va bien. Mais enfin rien ne va mal.

MEYERBOOM

Est-ce que le petit notaire accepte le contrat?

FRANÇOISE

Oui, c'est d'accord. Mais il veut quelque chose de plus.

MEYERBOOM *(soudain inquiet)*

Eh quoi?

FRANÇOISE

Vous savez, les acteurs sont de grands enfants. Ils ont des caprices, des envies...

MEYERBOOM

Ayayaïe! Qu'est-ce qu'il veut encore?

FRANÇOISE *(à Irénée)*

Dites-le-lui.

IRÉNÉE *(hésitant)*

Moi? Franchement, je ne le sais pas.

FRANÇOISE

Mais si, vous le savez bien, mais vous n'osez pas le dire. Monsieur Meyerboom... Il veut qu'à la signature du contrat...

IRÉNÉE

Oui, à la signature du contrat... *(A Françoise.)* Il veut quoi?

FRANÇOISE

Il veut que vous lui donniez votre voiture.

MEYERBOOM *(étonné)*

Quoi? Tu veux ma voiture?

IRÉNÉE

Mais non... Elle plaisante.

FRANÇOISE *(à Irénée)*

Vous ne voulez pas avoir tout de suite la voiture de M. Meyerboom?

IRÉNÉE *(qui comprend brusquement)*

Ah! Oh oui, je la veux! Ah je comprends que je la veux! Tenez si vous me la donnez, je vous signe six films pour rien.

MEYERBOOM

D'accord!

FRANÇOISE

Ah non, pas du tout. La voiture, c'est un cadeau.

IRÉNÉE

Et si vous saviez quel cadeau!

MEYERBOOM

C'est un cadeau qui pourrait s'enrouler autour d'un platane. Alors, pour un mois, je te donne aussi mon chauffeur.

QUATRIÈME PARTIE

Sur une grande route toute droite, on voit passer la longue voiture de Meyerboom.

Au volant, il y a le chauffeur en casquette blanche.

Sur le siège arrière, il y a Irénée et Françoise. Ils ne disent rien. Irénée tient la main de Françoise, tout bêtement, comme sur une carte postale.

Devant l'épicerie, il y a l'oncle Baptiste qui brûle du café.

La grande voiture arrive devant le petit café du petit village. Elle s'arrête. Irénée et Françoise descendent, ils entrent dans le café. Nous les suivons.

Ils s'installent devant une table de marbre. Irénée ouvre sa valise; il en tire son vieux costume, celui de ses débuts, et divers accessoires de maquillage. Un fondu enchaîné, et le voilà transformé. Il finit de coller sa petite moustache ridicule. Françoise le regarde faire.

FRANÇOISE

Tu crois que cette mise en scène est bien nécessaire?

IRÉNÉE

C'est nécessaire, puisque ça me fait plaisir. Tu

comprends, si je reviens comme ça, avec toi, dans cette voiture, il me semble que je ne vais plus jamais les retrouver comme ils étaient... Tandis que si je reviens tout seul, avec ce vieux costume d'autrefois, si je ne leur dis pas tout de suite que j'ai réussi, eh bien ça sera plus... Ça sera plus...

FRANÇOISE

Ce sera un peu théâtral.

IRÉNÉE

Eh bien? Pour un acteur, est-ce que ce n'est pas naturel d'être un peu théâtral?

Il se regarde dans une glace.

IRÉNÉE

Alors, tu m'attends ici. Je viendrai te chercher. Toi, mets-toi le cache-poussière.

FRANÇOISE

Moi, tu sais, tout ça me fait rire.

IRÉNÉE

Eh bien, moi, je suis tout ému.

FRANÇOISE

Pourquoi?

IRÉNÉE

Et s'il ne voulait plus me recevoir, qu'est-ce que je dirais?

FRANÇOISE

Tu ne dirais rien, et tu reviendrais ici.

IRÉNÉE *(il va à la porte, puis il revient)*

Si je me remettais l'autre costume, et si j'y allais avec toi?

FRANÇOISE

Si tu veux.

IRÉNÉE *(il réfléchit)*

Mais alors, ils vont me recevoir avec des figures de réussite – et je dirai : « Ils m'ont bien accueilli à cause de l'automobile. »

FRANÇOISE

Evidemment.

IRÉNÉE

Alors, j'y vais comme ça. *(Il ne bouge pas.)* Mais si j'y vais comme ça, peut-être je ne verrai que des figures de catastrophe. Et alors, je me dirai : « Ils m'ont mal reçu parce qu'ils me croient pauvre. » Et puis, je penserai...

FRANÇOISE

Allez, file, dépêche-toi.

IRÉNÉE

Tu ne veux pas savoir ce que je penserai?

FRANÇOISE

Mais non, tu ne penses rien. Va, fais ta petite expérience, puisque tu as voulu la faire. Je t'attends.

IRÉNÉE

Bon.

Il s'en va.

FRANÇOISE

Dis donc? Tu t'en vas comme ça?

Il revient confus.

IRÉNÉE

Je n'ose pas t'embrasser devant le garçon. Tu ne vois pas qu'il nous regarde?

FRANÇOISE

Tu as bien le droit d'embrasser ta femme?

IRÉNÉE

... Légalement, oui. Mais enfin, il pourrait se dire : « Comment se fait-il que ce comique idiot embrasse cette femme intelligente et belle? »

FRANÇOISE

Va, je ne suis pas belle, et tu n'es pas idiot.

Ils s'embrassent tendrement.

IRÉNÉE

Et qu'est-ce que tu vas faire en attendant?

FRANÇOISE

Je vais écrire un mot à ma mère.

IRÉNÉE

A ta mère?

FRANÇOISE

Oui, à ma mère.

IRÉNÉE

Dis, on n'est pas mariés en communauté, alors?
Tu vas écrire un mot à notre mère, pendant que je
vais en reconnaissance auprès de notre oncle... Et
puis, ne fume pas trop. Maintenant, tu es mariée.

Il sort, il s'en va le long des rues du village.

*L'oncle brûle toujours son café devant la petite
épicerie. De temps à autre, il le secoue à grand bruit,
puis ouvre la petite trappe, d'où s'échappe un nuage de
fumée odorante. Au fond de cette fumée, il se rassoit,
et chantonne : « Magali » en provençal. Soudain,
Irénée surgit au coin de la boutique, entre le mur et la
pompe à essence. Il fait un pas. Il tousse. L'oncle lève
la tête.*

L'ONCLE

Vé! *(Irénée demeure immobile.)* Oou, tu es toi?

IRÉNÉE

Oui, je suis moi. Bonsoir l'oncle.

L'ONCLE *(satisfait)*

Le voilà... *(L'oncle se tourne vers la boutique, et il
appelle.)* Casimir!

CASIMIR *(du fond de la boutique)*

Quoi?

L'ONCLE

Viens voir un fantôme!

IRÉNÉE

Qué fantôme? C'est bien moi!

213

*Casimir sort en courant. Il voit Irénée. Il sourit, il
s'élance vers son frère.*

CASIMIR

Irénée! Enfin, te voilà!

Il a une grande joie. Il l'embrasse.

IRÉNÉE

Tu vas bien?

CASIMIR

Oui, très bien. Et toi?

IRÉNÉE

Oh moi, toujours pareil, comme tu vois...

L'ONCLE

Oui, comme nous voyons. Et naturellement tu as
faim?

IRÉNÉE

Non, merci, l'oncle. J'ai mangé assez tard...

L'ONCLE *(navré)*

Tu n'as pas faim? Dis la vérité : tu n'as pas
faim?

IRÉNÉE

Non, merci... Non, je n'ai pas faim.

CASIMIR

Parce que tu sais, si tu as faim, il faut le dire!
Allez, va, oui, tu as faim!

IRÉNÉE

Mais si j'avais faim, je le dirais : je vous jure que j'ai très bien mangé il y a deux heures.

L'ONCLE *(désolé)*

Alors, tant pis.

IRÉNÉE

Mais pourquoi?

L'ONCLE

Parce que ça dérange tout mon plan.

IRÉNÉE

Qu'est-ce que c'était ton plan?

L'ONCLE

Eh bien, j'ai toujours su que tu reviendrais, n'est-ce pas?

IRÉNÉE

Qui te le prouvait?

L'ONCLE

Le bon sens. Quand un rigolo comme toi se lance dans le vaste monde, avec pour tout bagage une fêlure du cigare, on sait bien comment ça finit. Ça finit par le retour du fada, tout simplement.

IRÉNÉE

Et si le fada n'a pas d'argent pour revenir?

L'ONCLE

Le fada peut toujours trouver le moyen de se faire rapatrier par le consulat de Marseille à Paris : ce n'est pas la première fois que ça arriverait dans la famille! Ton pauvre père, lui, les consulats l'ont rapatrié plusieurs fois. Une fois de l'île Maurice, une fois de Hong Kong et une fois d'un pays d'Amérique! La Colombie ou le Grattemoila, enfin, un département au feu de Dieu. Tu vois que j'avais raison, puisque tu es là. Seulement, comme tu es fier et prétentieux, je me disais : Il ne retournera qu'à la dernière extrémité. Par conséquent, un soir d'hiver, je le verrai paraître sur la porte. Il sera pâle, il claquera des dents, il aura faim. Moi, je m'approcherai de lui, je ne lui dirai pas un mot, pas un cri, pas une gifle. J'irai le prendre par la main, j'irai le faire asseoir au coin du feu. Puis, toujours sans mot dire, je lui ouvrirai une boîte de pâté de foie gras...

IRÉNÉE *(gentiment)*

Neuve?

L'ONCLE

Neuve. Et puis, je lui ferai griller deux saucisses de Toulouse, avec un peu de romarin. Il mangera longtemps en silence. Après, il tournera vers moi deux yeux remplis de larmes et je lui dirai : « Grand couillon, viens que je t'embrasse. »

IRÉNÉE *(très ému)*

Ça, tu peux me le dire quand même.

L'ONCLE *(bourru)*

Non, non, ça ne vient pas naturellement, parce que je l'avais pas préparé comme ça. C'est de ta faute, aussi. D'habitude, les enfants prodigues, ça revient triste, et maigre, le soir et en hiver. Toi, tu reviens joyeux, repu, l'après-midi et au printemps! Tu ne sais rien faire comme les autres! Enfin, entre tout de même, et tâche de ne pas faire pleurer la tante. Allez, viens, vaï, viens.

Ils entrent tous les trois.

Dans le petit café, Françoise met sa lettre dans une enveloppe.

Dans l'arrière-boutique de l'épicerie, l'oncle, la tante et Casimir sont assis. Irénée est debout. L'oncle parle avec une certaine gravité.

L'ONCLE

Alors, on t'a prêté de quoi payer ton voyage?

IRÉNÉE

Oui, on me l'a prêté.

L'ONCLE

Bien, tu me diras son nom et son adresse, pour que je lui renvoie l'argent, avec un petit mot. Qui est-ce?

IRÉNÉE

C'est un ami.

L'ONCLE

Bon. Tu ne veux pas le dire : d'accord. Je te donnerai l'argent, tu le lui renverras toi-même. Casimir, donne-nous le vin muscat avec des grands verres, il va un peu nous raconter ses aventures. Clarisse, assieds-toi. Donc tu es allé à Paris, avec ton fameux contrat à la main?

IRÉNÉE

Oui.

L'ONCLE

Tu l'as présenté dans des bureaux?

IRÉNÉE

Oui.

L'ONCLE

On s'est foutu de toi.

IRÉNÉE

Oui.

CASIMIR

C'était une farce?

IRÉNÉE

Oui.

CASIMIR

Les salauds!

L'ONCLE *(placide)*

Non. Ils avaient rencontré un imbécile et ils s'en sont amusés. C'est tout naturel.

IRÉNÉE

Parfaitement.

L'ONCLE

Et ensuite?

IRÉNÉE

Eh bien, ensuite, on m'a mis à la porte des bureaux.

L'ONCLE

C'est-à-dire qu'ils t'ont jeté dans la rue.

IRÉNÉE

Non, sur le trottoir.

LA TANTE

Peuchère!

CASIMIR

Oh oui, peuchère... Dis, dans Paris, tout seul...

L'ONCLE

Et sans le sou...

IRÉNÉE

Sans le sou. Oui. Mais pas tout seul. Parce que là-bas, j'avais retrouvé toute l'équipe des joyeux farceurs...

L'ONCLE

Ils ont eu du remords...

IRÉNÉE

Presque.

L'ONCLE

Et ils t'ont fait manger.

IRÉNÉE

Oui.

CASIMIR

Ils t'ont nourri pendant un an?

L'ONCLE

Pas du tout. Ils lui ont trouvé un petit emploi... Garçon de bureau, balayeur, portier...

IRÉNÉE

A peu près.

L'ONCLE

Il a gagné petitement sa petite vie. Il gardait quand même un petit espoir d'une petite réussite. Pas vrai que tu gardais un petit espoir?

IRÉNÉE

Oui. Très petit.

L'ONCLE

Je le savais. Mais ce petit espoir est devenu de plus en plus petit... Quand il a eu disparu tout à fait, eh bien, le pauvre Irénée s'est dit : Je retourne à l'épicerie!

IRÉNÉE

Oui.

L'ONCLE

Et voilà...

LA TANTE

Baptiste, tu es formidable, tu devines tout!

L'ONCLE

Clarisse, tu me connais depuis longtemps... Buvons à ma perspicacité. C'est un mot difficile à dire! mais c'est une qualité précieuse!

IRÉNÉE

Je bois à ta perspicacité.

Un silence. Ils reposent les verres. L'oncle va s'adosser au mur, et parle lentement.

220

L'ONCLE

Et maintenant, je crois qu'il est nécessaire, pour mettre bien les choses au point, que je résume la situation par un discours familial. Mon pauvre Irénée, te voilà revenu. Tu étais parti la tête en l'air en poussant des cocoricos : tu nous reviens la tête basse, et complètement escagassé par la dure leçon de la vie. Tu sais maintenant, et d'une façon indiscutable, que tu n'es qu'un fada, un raté, un bon à rien, une loque, une épave; mais j'ai du tact, je ne veux pas te le faire sentir.

IRÉNÉE

Merci. Mais dis-moi un peu. Faisons une supposition. Si j'avais réussi? Si j'étais devenu riche et célèbre, qu'est-ce que tu aurais dit?

L'ONCLE

Je serais tombé assis par terre.

CASIMIR

Moi non.

L'ONCLE

Toi, dans la vie, tu ne comprends rien dès que tu n'es pas derrière un comptoir. *(A Irénée.)* Si tu étais devenu riche, ça m'aurait fait plaisir pour toi. Mais moi, ça m'aurait vexé. Ça m'aurait donné l'air d'un imbécile.

IRÉNÉE

Mais non, l'oncle...

CASIMIR

Moi, je trouve que au contraire...

221

L'ONCLE

Tais-toi. Voyons, si tu avais réussi dans une carrière que j'ai tout fait pour t'en décourager, que dirait-on? On dirait : il a réussi parce qu'il avait un don.

LA TANTE

Un don de Dieu.

L'ONCLE

Ce don de Dieu, son oncle ne l'a pas vu. Donc, son oncle Baptiste est un couillon.

IRÉNÉE

Mais non, mais non... D'abord, tu m'as laissé partir.

L'ONCLE

Parce que je n'ai pas pu te retenir. Alors si tu avais réussi... Mais pourquoi parlons-nous de ça! Tu ne pouvais pas réussir! Ça se voyait parfaitement et la réalité te l'a fait comprendre.

IRÉNÉE

Evidemment, je n'avais pas la tête d'un jeune premier.

L'ONCLE

Oh non! Je ne t'ai jamais vu dans Faust! Sauf peut-être au premier acte, avec la barbe.

IRÉNÉE

C'est vrai. Mais si j'avais réussi... dans les comiques? Si j'étais devenu un grand comique?

L'ONCLE *(grave)*

Ça alors... Je ne t'aurais pas reçu ici.

IRÉNÉE

Pourquoi?

L'ONCLE

Parce qu'ici ce n'est qu'une épicerie – mais c'est une maison honorable... Ici, je ne recevrais pas le pétomane. Je suis peut-être allé le voir chez lui, mais il ne serait pas venu faire sa musique chez moi. Tu t'imagines notre nom, le nom de Fabre sur l'affiche d'une pitrerie? Tu vois ça, toi, Fabre qui tire au flanc, ou Fabre qui s'occupe d'Amélie?

LA TANTE *(scandalisée)*

Oh non! Dieu garde!

IRÉNÉE

Pourquoi?

L'ONCLE

Le nom de ton père? Le nom de mon frère porté par un clown?

IRÉNÉE

Oh! Un clown! Tu sais, il y a des clowns qui vraiment...

L'ONCLE

Allons, allons, ne discute pas. Grâce à Dieu, tu n'as réussi dans rien. Mais peut-être qu'avec du temps et de la patience, tu réussiras dans l'épicerie.

IRÉNÉE

Alors, tu me garderais ici?

223

L'ONCLE

Tu ne voudrais pas que je te lance sur le trottoir, comme les autres? Tu sais, moi, je ne t'ai pas fait de contrat, mais tu en as un quand même, et ce n'est pas une plaisanterie.

IRÉNÉE

Merci l'oncle. Seulement... Il y a encore autre chose que je dois te dire, l'oncle.

L'ONCLE

Tu as fait des dettes?

IRÉNÉE

Non, l'oncle. Je n'ai pas fait de dettes... J'ai fait pire! Je me suis marié.

LA TANTE

Ayayaïe! Marié? Avec une Parisienne?

IRÉNÉE

Oui.

L'ONCLE

Elle est aussi riche que toi?

IRÉNÉE

Oui.

LA TANTE

Elle est à Paris?

IRÉNÉE

Non. Elle est ici.

L'ONCLE

Où?

IRÉNÉE

Je n'ai pas osé te l'amener tout d'un coup. Je l'ai
laissée là, au café du coin. Alors, il faut que je
l'appelle. Tu comprends, je ne savais pas comment tu
la recevrais...

CASIMIR

Tu veux que j'aille la chercher?

IRÉNÉE

Non. Moi j'y vais. Ça ne sera pas long va...

Il sort. On le suit dans la rue un moment.

On revient à l'épicerie.

CASIMIR

Ça me semble pas possible. Irénée marié!

LA TANTE

Et sans le sou!

L'ONCLE

C'est le même coup que son pauvre père!

LA TANTE *(inquiète)*

Et qui sait ce que c'est, cette fille!

*Dans la rue. – Irénée et Françoise sortent du petit
café.*

IRÉNÉE *(au chauffeur)*

Lucien, attendez-moi dans la petite rue près de
l'église et quand je vous ferai signe, vous vous
avancerez devant l'église, à droite.

LUCIEN

Bien, monsieur.

Dans l'arrière-boutique.

CASIMIR

Je me languis de la voir.

LA TANTE

Moi aussi.

L'ONCLE

Et moi aussi.

On entend des pas dans l'épicerie.

CASIMIR

Les voilà.

Entrent Irénée et Françoise.

L'ONCLE

Bonjour.

CASIMIR

Je la connais! Elle était avec ceux du cinéma!

FRANÇOISE

Oui, c'est vrai. Bonjour Casimir.

CASIMIR

Bonjour.

IRÉNÉE

La voilà.

L'oncle met ses lunettes, et il examine Françoise assez longuement.

L'ONCLE *(à Irénée)*

C'est ta femme?

IRÉNÉE

Oui, c'est ma femme.

L'ONCLE

Je veux dire épousée, mariée?

IRÉNÉE

Epousée, mariée, bénie, adorée.

Il lui baise la main.

L'ONCLE

Naturellement, elle n'a jamais été dans le commerce?

FRANÇOISE

Non.

L'ONCLE

Ça sera toute une éducation à refaire. *(Il l'examine longuement.)* Moi, elle ne me déplaît pas... Comment s'appelle-t-elle?

FRANÇOISE

Fabre.

LA TANTE *(charmée)*

Mon Dieu! Quelle coïncidence! C'est parce qu'elle s'appelait comme nous que tu l'as épousée?

Non. C'est parce que je l'ai épousée qu'elle s'appelle comme nous.

LA TANTE

Mon Dieu que je suis bête!

L'ONCLE

Non, Clarisse, non, tu n'es pas bête. C'est elle qui n'a pas compris. Je demande son nom de baptême.

IRÉNÉE

Françoise.

L'ONCLE

Françoise, je ne vous connais pas, et je devrais me méfier de vous; une femme de Paris, qui entre dans une famille de Marseille, c'est grave; c'est peut-être encore plus grave quand cette famille est un magasin. Mais je vais vous dire une chose qui peut paraître ridicule, mais qui est vraie : si l'on veut que les gens méritent notre confiance, il faut commencer par la leur donner. Ma confiance, je te la donne. Françoise, assieds-toi. A partir d'aujourd'hui, cette maison est à toi, comme elle est à nous.

IRÉNÉE

Merci, l'oncle.

L'ONCLE

Tu étais parmi les farceurs qui lui ont fait le joli contrat?

FRANÇOISE

Oui, j'en étais.

L'ONCLE

Eh bien tu as cru de lui faire une blague, à lui,
mais tu t'es peut-être fait une belle blague à toi.

FRANÇOISE

Pourquoi?

L'ONCLE

Il a de grandes qualités de cœur – mais du sérieux,
il n'en a guère – et l'épicerie en demande beaucoup. *(A Irénée.)* Enfin, tu es décidé à faire un
effort?

IRÉNÉE

Oui, l'oncle. Un gros effort, et qui te surpren-
dra.

L'ONCLE

Je ne te demande pas de me surprendre. Je te
demande... hum... Tu sais bien quoi.

IRÉNÉE

Non, je ne sais pas. Quoi?

L'ONCLE

De ne plus laisser – hum! – la corbeille...

CASIMIR

De croissants...

LA TANTE

Sous le robinet...

IRÉNÉE

Du bidon de pétrole. D'accord. Ça n'arrivera plus.

L'ONCLE

Donc, tu es prêt à travailler de tout ton cœur?

IRÉNÉE

De tout mon cœur.

La porte sonne. Un client vient d'entrer.

LE CLIENT

Bonjour!

CASIMIR

Bonjour!

Il sort, il va dans la boutique. Nous le suivons.

LE CLIENT

Dites, est-ce que vous pourriez me montrer des anchois des Tropiques?

CASIMIR

Non, monsieur. Pas en ce moment. Nous en manquons.

LE CLIENT

Qu'est-ce qu'ils ont de particulier? Est-ce qu'ils sont plus gros que les autres?

CASIMIR

Oui, pour ça, oui.

La face d'Irénée paraît au guichet.

IRÉNÉE

Ils ne pèsent pas plus, mais ils sont un peu plus gros.

LE CLIENT

Et pourquoi?

IRÉNÉE

Monsieur, c'est le secret de la maison... Les anchois des Tropiques, ce sont des anchois aux champignons : les anchois se les font tout seuls.

Nous revenons dans la salle à manger. Irénée se tourne vers l'oncle, avec une fierté souriante.

IRÉNÉE

L'oncle, tu as entendu.

L'ONCLE

Eh oui. Tu commences à comprendre, et ça me fait plaisir. *(Il s'assoit.)* Donc, vous voilà tous les deux dans l'épicerie. Ça ne vous plaît peut-être pas beaucoup, mais il faut en prendre votre parti. Et pour vous y aider, je vais vous montrer quelque chose.

Il se lève, il va au buffet, il en sort une boîte de fer, il l'ouvre.

Quelque chose d'important.

Il tire une vieille lettre de la boîte.

C'est la dernière lettre que j'ai reçue de mon frère, leur père...

Il la déplie, il lit et de temps à autre, il s'arrête pour donner son avis.

Mon cher Baptiste.

C'est moi. Je suis à Niamey, où je croyais mettre debout une affaire extraordinaire de poudre d'or et de défenses d'éléphants. Je n'ai trouvé ni l'un ni l'autre. Mais en revanche, je suis venu jusqu'ici pour attraper l'appendicite, comme à Aix ou à Grenoble. C'est le comble de la fantaisie. Un jeune médecin militaire va donc m'opérer sous la tente. Il m'a conseillé de faire mon testament. Le voici. Je te lègue tout ce que je possède, c'est-à-dire : primo : des dettes. Je t'en envoie la liste ci-jointe.

IRÉNÉE

Où elle est, cette liste?

L'ONCLE *(gêné)*

Je l'ai déchirée. Ce n'était pas grand-chose, des babioles... Un fusil, un ou deux costumes, cent francs au café des Camoins, enfin pas grand-chose...

LA TANTE

Le plus gros créancier, c'était ton oncle... Il nous devait...

L'ONCLE

Clarisse, tais-toi. Ce qu'il me devait à moi, tu penses bien que je me suis pas saigné aux quatre veines pour me le rembourser à moi-même! Donc, cette dette-là, elle n'a rien coûté du tout!

Il reprend sa lecture.

Je te lègue mes enfants, ça ne changera pas grand-chose à la situation actuelle; depuis la mort de leur mère, c'est toi qui les as élevés. Surveille surtout Irénée. C'est un garçon de grand cœur, mais je le crois presque aussi fou que moi. Ce qui est exact. *Enfin je te lègue ma reconnaissance et mon affection.*

Tu as toujours été pour moi le meilleur des frères. En guise de remerciement, il m'est arrivé bien souvent de te reprocher ton métier, et de me moquer de l'épicerie. Au moment où ma vie est en danger, je tiens à te dire que de nous deux, c'est toi qui avais raison. Mes courses inutiles à travers le monde, mes préten-tions, ma vanité, tout cela va peut-être finir chez les nègres, sous une tente, ce qui est absurde.

Toi, tu es dans notre village, sous ton platane et tu te guéris de n'avoir pas d'enfant en te dévouant pour les miens. Va, mon frère, il n'est pas ridicule de couper des tranches de saucisson si on les coupe pour quelqu'un.

La vie est courte comme un crépuscule d'Afrique. Ceux qui visent trop haut, parfois n'atteignent rien. Alors, pendant que le docteur aiguise son couteau, j'ai voulu te dire que tu as eu une belle, une heureuse, une noble vie, parce que toi, tu auras accompli ta tâche, si humble soit-elle, avec confiance et bonne humeur, tu auras connu la paix verte de notre village, la gloire d'être utile, et l'honneur de servir.

Je t'embrasse. Ton frère.

Edmond FABRE.

Il y a un grand silence.

IRÉNÉE

C'est notre père qui a écrit ça?

L'ONCLE

Une heure avant sa mort.

IRÉNÉE

Et pourquoi tu ne me l'as pas montrée plus tôt, cette lettre?

L'ONCLE

Parce qu'elle dit beaucoup trop de bien de moi. Et puis, tu ne voulais pas être épicier : et cette lettre, c'est la lettre de noblesse de l'épicerie. Alors, si je te l'avais montrée, tu aurais dit que je prêchais pour mon Saint.

CASIMIR

Quel saint?

L'ONCLE

Oh tu sais, dans l'épicerie, il n'y en a pas beaucoup, et ce ne sont pas de grands saints... Saint-Emilion, Saint-Galmier, Saint-Marcellin... Ils sont buvables et comestibles, mais ce sont des saints tout de même. Enfin, pas de philosophie, et parlons au contraire bien posément. Voilà. Depuis que tu es parti on a fait un lotissement; et tu sais, un lotissement, ça gonfle toujours une épicerie : on ne sera pas trop de cinq... Et d'abord, il faut s'agrandir. Je vais acheter la remise de Mestre Arnaud : en prenant une hypothèque sur notre fonds de commerce je pourrai le payer comptant...

IRÉNÉE

Il en veut combien, de sa remise?

L'ONCLE

18 000 francs. Je ne les ai pas. J'ai eu beau travailler et économiser je n'en ai que douze mille.

IRÉNÉE *(avec feu)*

Et pourquoi tu n'as que douze mille? Parce que tu as élevé les enfants de ton frère.

L'ONCLE

Et qu'est-ce que je pouvais faire?

IRÉNÉE

Tu pouvais dire : « Après tout, ces enfants ne sont pas à moi, je vais les donner à un patronage. » Il y a des gens qui l'auraient fait.

L'ONCLE

Moi, vois-tu, je suis tellement bête, que c'est une idée qui ne m'est même pas venue.

IRÉNÉE

Et alors, là, sous tes yeux, chaque jour, à toutes les heures, nous te l'avons dévorée, la remise de Mestre Arnaud. Un jour, un mur, un jour douze tuiles, un jour la porte, un jour la mangeoire. Nous te l'avons toute mangée.

CASIMIR

Ça n'est pas bien de notre part...

IRÉNÉE *(brusquement)*

L'oncle, tu la veux, la remise de Mestre Arnaud? Tu la veux, eh bien je te la donne. Je te l'achète. Et même, si ça te fait plaisir, je t'achète Mestre Arnaud lui-même, avec sa pipe et ses lorgnons...

L'ONCLE
Irénée, qu'est-ce que tu dis?

LA TANTE *(découragée)*
Vaï, ne recommence pas tout de suite!

IRÉNÉE
Ne sois pas soupçonneux, et ne t'inquiète de rien, tu vas avoir des preuves sous les yeux. *(Il sort en courant.)* Tu les auras devant la porte.

L'ONCLE
Mais qu'est-ce que ça veut dire? Et *(il montre Françoise)* elle qui rit!

LA TANTE
Moi, je suis bien inquiète.

L'ONCLE
Qu'est-ce qu'il y a?

FRANÇOISE
Oh! moi, je ne vous dirai rien, c'est lui l'homme. C'est à lui à parler.

LA TANTE
Il y a donc quelque chose de difficile à dire?

FRANÇOISE
Oui. Quelque chose de très difficile. Venez.

L'ONCLE
Où?

FRANÇOISE
Venez.

L'ONCLE *(en sortant, à la tante)*

Tu y comprends quelque chose, toi?

LA TANTE

Rien du tout.

Devant le magasin. – Irénée est sur le trottoir. L'oncle arrive.

L'ONCLE

Et puis?

IRÉNÉE

Et puis attends.

L'ONCLE

Que j'attende quoi?

IRÉNÉE

Fais-moi crédit quelques secondes.

LA TANTE

Qu'est-ce qu'il va nous dire?

La grande voiture arrive. Elle s'arrête devant l'épicerie.

L'ONCLE

Tiens, tu nous auras pas fait sortir pour rien. Casimir, la clef de la pompe à essence. C'est une américaine! S'il va seulement jusqu'à Aubagne, il faut qu'il nous achète le bidon.

IRÉNÉE

Non. D'abord, c'est pas une américaine. Et ensuite elle n'use pas beaucoup.

L'ONCLE

Qu'est-ce que tu en sais?

CASIMIR

Tu es devenu connaisseur en voitures?

IRÉNÉE

Non. Je ne suis pas connaisseur en voitures. Mais celle-là, je la connais! C'est la mienne.

LA TANTE

Quoi?

IRÉNÉE

Oui, c'est la mienne... C'est la nôtre, quoi. *(Il s'adresse au chauffeur.)* Lucien! Laissez la voiture ici, allez vous installer au Cheval Blanc, et attendez les ordres.

LUCIEN

Bien, monsieur. Bonsoir, madame.

FRANÇOISE

Bonsoir, Lucien.

Il s'en va. L'oncle, la tante et Casimir demeurent ahuris.

L'ONCLE

Tu vas me dire...

IRÉNÉE
Pas ici... Pas de scène de famille devant le monde.

Il y a déjà en effet, le rempailleur de chaises et une rangée d'enfants. Pendant qu'Irénée fait entrer la famille, d'autres curieux s'avancent. Irénée ferme les volets de la boutique.

LE BOULANGER
Ça, ça m'a tout l'air d'une voiture volée.

PREMIER VOISIN
Par où c'est qu'on peut écouter?

LE BOULANGER
Par la fente de la fenêtre, on voit tout, mais on n'entend rien. Tandis que par le trou de la porte, on voit rien, mais on entend tout.

UNE DAME
Moi, je préfère mieux d'entendre.

MME FENUZE
Moi, je préfère mieux de voir.

Chacun s'installe à son poste d'observation.

Nous sommes dans l'épicerie.

L'ONCLE
Ça vaut plus de cinquante mille francs une voiture comme ça!

IRÉNÉE
Ça vaut même le double. Mais elle ne nous a rien

coûté. On nous l'a donnée en plus du contrat. Mon premier contrat. J'ai réussi, l'oncle. J'ai réussi grâce à elle.

FRANÇOISE

Mais non! Si tu as réussi, c'est parce que tu avais du talent.

CASIMIR

Ça y est! Je le savais! Je l'ai toujours su! Il a réussi! Irénée, tu as réussi?

FRANÇOISE

Oui, ça y est.

LA TANTE

Il a réussi à quoi?

FRANÇOISE

Depuis quinze jours, il est célèbre...

L'ONCLE

Comme quoi?

CASIMIR

Mais comme acteur, parbleu!

LA TANTE

Ça alors!

L'ONCLE

Le don de Dieu!

IRÉNÉE

Eh oui, le don de Dieu. Mais quand je te l'ai dit, je

ne l'avais pas encore, parce que mon don de Dieu, le voilà.

Il montre Françoise.

LA TANTE

Mais dites, c'est sérieux?

FRANÇOISE

Il a les poches pleines de contrats.

IRÉNÉE

Et des beaux.

L'ONCLE

Pas dans le genre de ceux qui font péter la balance?

IRÉNÉE

Oh non! Tiens regarde, ceux-là, c'est des vrais! C'est elle qui les a faits!

L'ONCLE

Mais enfin, si tu as réussi, pourquoi as-tu toujours le même costume?

IRÉNÉE

Déguisement. Je voulais savoir comment tu me recevrais.

Il s'arrache la moitié de la moustache. La tante pousse un cri terrible.

IRÉNÉE

C'est rien, tante. Elle n'est pas à moi... C'est un maquillage!

L'ONCLE *(ravi)*

Il a déjà le genre acteur! Mais en somme combien a-t-il touché?

FRANÇOISE

Pas beaucoup...

LA TANTE

C'est-à-dire?...

FRANÇOISE

Une cinquantaine de mille francs.

L'ONCLE

Pas plus? Allez, vaï, dis la vérité.

IRÉNÉE

Voilà comme tu es! Tu me croyais incapable de gagner un sou. On t'annonce : cinquante mille francs et tu dis : « Que ça. »

L'ONCLE

Oui, évidemment... Mais dans le cinéma.

FRANÇOISE

Dans le cinéma, c'est comme ailleurs : il faut du temps. Et puis, il n'a gagné que ça, mais il a 700 000 francs de contrats. Signés.

L'ONCLE

Oh coquin de Diou! Là, alors tu m'ensuques!

CASIMIR

Si on avait tout cet argent, on pourrait fabriquer des baleines des Tropiques!

Devant le magasin.

MME FENUZE *(qui regarde)*
Vous entendez?

L'AUTRE DAME
J'ai entendu « tropiques ». C'est des anchois.

MME FENUZE
Et puis?

L'AUTRE DAME
Et puis rien.

MME FENUZE
Vous aviez dit que de votre place on entendait
tout... Vous êtes sourde, alors?

*Mme Fenuze hausse les épaules. Elle regarde à
travers son trou.*

MME FENUZE
Tenez, en ce moment, je peux vous dire qu'ils sont
en train de mettre une affiche sur le mur.

*Dans la cuisine. – L'oncle parle à Irénée. Contre le
mur, Casimir et Françoise sont en train de placer une
affiche, avec des punaises. La tante les regarde faire.*

L'ONCLE
Mais enfin, des films, tu en as déjà fait?

IRÉNÉE
Je viens d'en faire un grand, en vedette...

243

L'ONCLE

Tout seul sur l'affiche, comme Caruso?

IRÉNÉE

Eh oui, tout seul.

Françoise descend de la chaise, et démasque l'affiche, qui représente une immense tête d'Irénée. Sur l'affiche, en lettres immenses, il y a :

Meyerboom présente la révélation du siècle

IRÉNÉE
dans
« *Le Fils du Bédouin* »

La tante aperçoit la tête.

LA TANTE

Mon Dieu qu'il est beau!

L'ONCLE

Oh oui! Il est beau! Et pourtant, ça lui ressemble!

IRÉNÉE

Merci l'oncle.

L'ONCLE

Et dans ce film, tu fais pleurer?

IRÉNÉE

Non.

L'ONCLE

Tu fais le traître?

IRÉNÉE

Non.

L'ONCLE

Tu chantes?

IRÉNÉE

Non.

LA TANTE

Alors, qu'est-ce que tu fais?

IRÉNÉE *(penaud)*

Je fais le couillon. Je fais rire.

L'ONCLE

Ah?

IRÉNÉE

Tu me mets à la porte?

FRANÇOISE

Pourquoi?

IRÉNÉE

Il me l'a promis tout à l'heure.

L'ONCLE

Je t'ai dit : le nom de FABRE sur une pitrerie. Je ne
t'ai pas dit : le nom d'Irénée. Tu fais beaucoup rire,
au moins?

FRANÇOISE

Oh oui. Et avec beaucoup d'esprit.

IRÉNÉE

Et j'ai touché 50 000 francs.

L'ONCLE

50 000 francs, c'est pas une pitrerie, c'est une comédie. *(Il regarde toujours l'affiche.)* Au cinéma, Irénée, c'est ton nom?

IRÉNÉE

Oui.

L'ONCLE *(tortueux)*

Ce n'est pas tout ton nom. Tu t'appelles Irénée Fabre.

IRÉNÉE

Oui, mais après ce que tu m'avais dit...

L'ONCLE *(avec une mauvaise foi évidente)*

Non, non... Quand on a fait cette affiche, je ne te l'avais pas encore dit... Alors par inadvertance, enfin à partir de cinq cent mille francs de contrats, tu aurais pu mettre Fabre. D'abord, il y a tellement de Fabre, que personne n'aurait pu savoir que c'était nous, si nous ne l'avions pas dit...

IRÉNÉE

Et tu l'aurais peut-être dit?

L'ONCLE

Aux amis bien entendu... Et puis, il y avait la place de le mettre... Parce que là tu comprends, rien que ton prénom, ça fait peut-être un peu prétentieux. Tandis que si tu y associes toute la famille, ça fait plus modeste... *(Il recule, pour mieux voir l'affiche.)*

La révélation du siècle... Moi, d'ailleurs c'est pour toi que je te dis ça...

                    IRÉNÉE

Oui, l'oncle, c'est pour moi.

On entend tout à coup au-dehors des coups de klaxon prolongés.

                    FRANÇOISE

La voiture.

                    IRÉNÉE

Ça doit être les enfants...

Il sort en courant.
Devant la boutique, il y a en effet des enfants qui s'amusent à presser sur le bouton de l'avertisseur. La porte de l'épicerie s'entrouvre, et la face d'Irénée paraît. Avec une douceur souriante, il dit :

Le premier qui touchera le klaxon recevra un coup de pied au derrière. Le deuxième, deux coups de pied. Le troisième, trois coups de pied. Le quatrième, quatre coups de pied. Toujours au derrière.

Les enfants se dispersent en riant. Irénée sourit, disparaît, et c'est la fin de la comédie.

VIE DE MARCEL PAGNOL

Marcel Pagnol est né le 28 février 1895 à Aubagne.

Son père, Joseph, né en 1869, était instituteur, et sa mère, Augustine Lansot, née en 1873, couturière.

Ils se marièrent en 1889.

1898 : naissance du Petit Paul, son frère.

1902 : naissance de Germaine, sa sœur.

C'est en 1903 que Marcel passe ses premières vacances à La Treille, non loin d'Aubagne.

1904 : son père est nommé à Marseille, où la famille s'installe.

1909 : naissance de René, le « petit frère ».

1910 : décès d'Augustine.

Marcel fera toutes ses études secondaires à Marseille, au lycée Thiers. Il les terminera par une licence ès lettres (anglais) à l'Université d'Aix-en-Provence.

Avec quelques condisciples il a fondé *Fortunio*, revue littéraire qui deviendra *Les Cahiers du Sud*.

En 1915 il est nommé professeur adjoint à Tarascon.

Après avoir enseigné dans divers établissements scolaires à Pamiers puis Aix, il sera professeur adjoint et répétiteur d'externat à Marseille, de 1920 à 1922.

En 1923 il est nommé à Paris au lycée Condorcet.

Il écrit des pièces de théâtre : *Les Marchands de gloire* (avec Paul Nivoix), puis *Jazz* qui sera son premier succès (Monte-Carlo, puis Théâtre des Arts, Paris, 1926).

Mais c'est en 1928 avec la création de *Topaze* (Variétés) qu'il devient célèbre en quelques semaines et commence véritablement sa carrière d'auteur dramatique.

Presque aussitôt ce sera *Marius* (Théâtre de Paris, 1929), autre gros succès pour lequel il a fait, pour la première fois, appel à Raimu qui sera l'inoubliable César de la Trilogie.

Raimu restera jusqu'à sa mort (1946) son ami et comédien préféré.

1931 : Sir Alexander Korda tourne *Marius* en collaboration avec Marcel Pagnol. Pour Marcel Pagnol, ce premier film coïncide avec le début du cinéma parlant et celui de sa longue carrière cinématographique, qui se terminera en 1954 avec *Les Lettres de mon moulin*.

Il aura signé 21 films entre 1931 et 1954.

En 1945 il épouse Jacqueline Bouvier à qui il confiera plusieurs rôles et notamment celui de Manon des Sources (1952).

En 1946 il est élu à l'Académie française. La même année, naissance de son fils Frédéric.

En 1955 *Judas* est créé au Théâtre de Paris.

En 1956 *Fabien* aux Bouffes Parisiens.

En 1957 publication des deux premiers tomes des *Souvenirs d'enfance* : *La Gloire de mon père* et *Le Château de ma mère*.

En 1960 : troisième volume des *Souvenirs* : *Le Temps des secrets*.

En 1963 : *L'Eau des collines* composé de *Jean de Florette* et *Manon des Sources*.

Enfin en 1964 *Le Masque de fer*.

Le 18 avril 1974 Marcel Pagnol meurt à Paris.

En 1977, publication posthume du quatrième tome des *Souvenirs d'enfance* : *Le Temps des amours*.

BIBLIOGRAPHIE

1926. *Les Marchands de gloire.* En collaboration avec Paul Nivoix, Paris, L'Illustration.

1927. *Jazz.* Pièce en 4 actes, Paris, L'Illustration. Fasquelle, 1954.

1931. *Topaze.* Pièce en 4 actes, Paris, Fasquelle.
Marius. Pièce en 4 actes et 6 tableaux, Paris, Fasquelle.

1932. *Fanny.* Pièce en 3 actes et 4 tableaux, Paris, Fasquelle.
Pirouettes. Paris, Fasquelle (Bibliothèque Charpentier).

1933. *Jofroi.* Film de Marcel Pagnol d'après *Jofroi de la Maussan* de Jean Giono.

1935. *Merlusse.* Texte original préparé pour l'écran, Petite Illustration, Paris. Fasquelle, 1936.

1936. *Cigalon.* Paris, Fasquelle (précédé de *Merlusse*).

1937. *César.* Comédie en deux parties et dix tableaux, Paris, Fasquelle.
Regain. Film de Marcel Pagnol d'après le roman de Jean Giono (Collection « Les films qu'on peut lire »). Paris-Marseille, Marcel Pagnol.

1938. *La Femme du boulanger.* Film de Marcel Pagnol d'après un conte de Jean Giono, « Jean le bleu ». Paris-Marseille, Marcel Pagnol. Fasquelle, 1959.
Le Schpountz. Collection « Les films qu'on peut lire », Paris-Marseille, Marcel Pagnol. Fasquelle, 1959.

1941. *La Fille du puisatier.* Film, Paris, Fasquelle.

1946. *Le Premier Amour.* Paris, Editions de la Renaissance. Illustrations de Pierre Lafaux.

1947. *Notes sur le rire.* Paris, Nagel.
Discours de réception à l'Académie française, le 27 mars 1947. Paris, Fasquelle.

1948. *La Belle Meunière.* Scénario et dialogues sur des mélodies

de Franz Schubert (Collection « Les maîtres du cinéma »), Paris, Editions Self.
1949. *Critique des critiques*. Paris, Nagel.
1953. *Angèle*. Paris, Fasquelle.
Manon des Sources. Production de Monte-Carlo.
1954. *Trois lettres de mon moulin*. Adaptation et dialogues du film d'après l'œuvre d'Alphonse Daudet, Paris, Flammarion.
1955. *Judas*. Pièce en 5 actes, Monte-Carlo, Pastorelly.
1956. *Fabien*. Comédie en 4 actes, Paris, Théâtre 2, avenue Matignon.
1957. *Souvenirs d'enfance*. Tome I : La Gloire de mon père. Tome II : Le Château de ma mère. Monte-Carlo, Pastorelly.
1959. *Discours de réception de Marcel Achard à l'Académie française et réponse de Marcel Pagnol*, 3 décembre 1959, Paris, Firmin Didot.
1960. *Souvenirs d'enfance*. Tome III : Le Temps des secrets. Monte-Carlo, Pastorelly.
1963. *L'Eau des collines*. Tome I : Jean de Florette. Tome II : Manon des Sources, Paris, Editions de Provence.
1964. *Le Masque de fer*. Paris, Editions de Provence.
1970. *La Prière aux étoiles, Catulle, Cinématurgie de Paris, Jofroi, Naïs*. Paris, Œuvres complètes, Club de l'Honnête Homme.
1973. *Le Secret du Masque de fer*. Paris, Editions de Provence.
1977. *Le Rosier de Madame Husson, Les Secrets de Dieu*. Paris, Œuvres complètes, Club de l'Honnête Homme.
1977. *Le Temps des amours*, souvenirs d'enfance, Paris, Julliard.
1981. *Confidences*. Paris, Julliard.
1984. *La Petite Fille aux yeux sombres*. Paris, Julliard.

Les œuvres de Marcel Pagnol sont publiées dans la collection de poche « Fortunio » aux éditions de Fallois.

Traductions

1947. William Shakespeare, *Hamlet*. Traduction et préface de Marcel Pagnol, Paris, Nagel.
1958. Virgile, *Les Bucoliques*. Traduction en vers et notes de Marcel Pagnol, Paris, Grasset.
1970. William Shakespeare, *Le Songe d'une nuit d'été*. Paris, Œuvres complètes, Club de l'Honnête Homme.

FILMOGRAPHIE

1931 – MARIUS (réalisation A. Korda-Pagnol).
1932 – TOPAZE (réalisation Louis Gasnier).
      FANNY (réalisation Marc Allegret, supervisé par Marcel Pagnol).
1933 – JOFROI (d'après *Jofroi de la Maussan* : J. Giono).
1934 – ANGÈLE (d'après *Un de Baumugnes* : J. Giono).
1934 – L'ARTICLE 330 (d'après Courteline).
1935 – MERLUSSE.
      CIGALON.
1936 – TOPAZE (deuxième version).
      CÉSAR.
1937 – REGAIN (d'après J. Giono).
1937-1938 – LE SCHPOUNTZ.
1938 – LA FEMME DU BOULANGER (d'après J. Giono).
1940 – LA FILLE DU PUISATIER.
1941 – LA PRIÈRE AUX ÉTOILES (inachevé).
1945 – NAÏS (adaptation et dialogues d'après E. Zola, réalisation de Raymond Leboursier, supervisé par Marcel Pagnol).
1948 – LA BELLE MEUNIÈRE (couleur Roux Color).
1950 – LE ROSIER DE MADAME HUSSON (adaptation et dialogues d'après Guy de Maupassant, réalisation Jean Boyer).
1950 – TOPAZE (troisième version).
1952 – MANON DES SOURCES.
1953 – CARNAVAL (adaptation et dialogues d'après E. Mazaud, réalisation : Henri Verneuil).
1953-1954 – LES LETTRES DE MON MOULIN (d'après A. Daudet).
1967 – LE CURÉ DE CUCUGNAN (moyen métrage d'après A. Daudet).

IMPRIMÉ EN FRANCE PAR BRODARD ET TAUPIN
Usine de La Flèche (Sarthe), le 10-04-1989.
6421A-5 - No d'Éditeur 45, dépôt légal : mai 1989.

ÉDITIONS DE FALLOIS - 22, rue La Boétie - 75008 Paris
Tél. 42.66.91.95